福祉心理学を学ぶ

児童虐待防止と心の支援

菅野 恵

keiso shobo

まえがき

多領域をカバーする心理学のなかでも比較的マイナーであった福祉心理学は，近年の虐待問題などへの心理的支援の必要性の高まりと並行し，2018年に国家資格化された「公認心理師」の受験資格に必要な主要科目とされるようになった。そのため，資格取得のための教科書やテキストが複数出版されつつあるのだが，その多くは公認心理師の試験に関連する基本的な知識や学術的な説明を主としている。

そこで本書の特徴は，読者自身にいつでも直結しうる身近な問題であることを少しでも感じてもらえるように，実践的な内容を重視している点にある。特に，以下の3つが本書のオリジナリティである。

その①：基礎編，実践編①，実践編②の3つの構成でワークを設定！　公認心理師試験の事例問題対策として応用力を強化!!

基礎編は，大学の学部生や福祉心理学を学ぼうとする方，学部で学んだものの基礎をおさらいしたい方などが，福祉心理学の概観を学ぶための内容となっている。

実践編①は，基礎的な知識をベースに示した事例に対してどのようなことが考えられ，いかに対応すべきか，読者が主体的に検討するためのワークを取り入れている。実践編②では，大学院生や実践家が取り組むことを想定し，現場で起こりやすい具体的な事例のワークを設定している。なお，事例の提示の後には必ず著者による解説を加えているため，ケースの見立てなどの心理アセスメントのトレーニングや公認心理師試験の事例問題対策に役立つ。

解説の内容は，著者が学んできた狭い知見に基づくものである。それぞれの

拠って立つ理論や流派，学派であればどのようなアプローチや見立てができる
か，数グループに分かれてディスカッションを行い，最後に全体で共有すると
さまざまな発見があり有意義な時間となる。

その②：15章で完結し，大学等の教科書，テキストとしても最適！

　半期15回分の授業を想定し，「福祉心理学」や関連科目の教科書，テキスト
として採用しやすいようにした。章のはじめには，「事前学習」として各章の
テーマに関連した新聞記事を紹介し，学習前に各章のテーマの関心を高めても
らう狙いとなっている。章のおわりには「復習テスト」を設け，授業の終わり
や読者自らが習得度を確認できる仕組みになっている。

その③：児童虐待防止に向けた心の支援に特化した内容！

　児童虐待問題の深刻化により，福祉領域だけでなく，学校や地域で公認心理
師が多く活躍している。そのような場で心の支援を行う際におさえておきたい，
児童虐待対応を行うためのエッセンスを多く盛り込んでいる。

　サブタイトルの「児童虐待防止と心の支援」にあるように，本書は全体的に
児童福祉のテーマを中心に述べている。しかし，福祉心理学の領域は多岐にわ
たっており，たとえば障害者福祉であれば障害者・障害児心理学との関連が強
く，ひきこもりのテーマになると保健・医療領域に関連し，訪問支援や精神疾
患についても学ばなければならない。産業領域としては，就労支援と深く関連
してくるであろう。したがって，本書で福祉心理学のすべてを扱うことは難し
く，内容に偏りが生じていることは否めない。むしろ，本書できっかけをつか
み，他の領域について理解を深め，実践的な心の支援につなげていただくこと
を願っている。

　なお，本書で用いる「児童」の対象は，児童福祉法の対象年齢である原則
18歳未満とし，「子ども」の対象年齢についても子ども・子育て支援法に則り
おおむね18歳未満の者と定義する。また，近年「障がい」と表現されるように
なってきているが，本書では現在の法令に従って「障害」と記載している。
本文中には特に実践編やコラムでフィクション化した事例を多数盛り込んでい

るが，実態に迫るために著者が対応してきた複数事例をミックスして提示していることをお断りしておきたい。

目　次

まえがき

第1章　虐待を生み出す社会病理

I　事前学習

☐　新聞記事をチェック！

> **シングルマザー　気遣う子ども「何もいらない」**
>
> 　睡眠は一日2,3時間。2人（小学生と高校生）の育児に追われつつ，夜明けまで店（自営業）の広告を書いた。だが客足は伸びず，開店時の借金が数百万円に膨らんだ。夫は心を病み，酒とDV（家庭内暴力）に走った。自身も過労で正気を保てなくなった。「このままだと一家心中だ」と思い詰め，やむなく離婚した。
>
> 　2人の子どもを引き取り，家賃月1万6千円の公営住宅に入った。貯金はゼロで，夫は養育費を払えない。正社員の口を探したが見つからない。パートを3つかけ持ちしたが，月収は10数万円。そのうち1つは同僚からつらくあたられ，辞めざるを得なくなった。
>
> 　簿記1級の資格があり，勤め先はすぐ見つかると思った。だが数社から断られ，自分が無価値に思えた。離婚を知った周囲は「我慢が足りない」となじる。人と会うのが怖くなった。2か月経ってようやくパートが見つかり，「死なずにすむ」とほっとした。
>
> 　だが新しい職場は時給800円。昇給もない。幹部は怒鳴りあい，正社員はパートが給湯室にいると「邪魔」と追い出す。そんな彼らも「給料が低くて結婚できない」とこぼす。「正規も非正規も人間扱いされていない」と感じる。
>
> 　　　　　　　　　　　　　　（朝日新聞朝刊／2019年7月13日より引用）

☐　あなたが住んでいる地域の子育て支援の内容を調べてみよう。

　Web検索キーワード：　＊＊（地域名）　子ども家庭支援センター

☐　事前学習に役立つオススメの書籍

　子どもの貧困白書編集委員会編（2009）．子どもの貧困白書　明石書店

II　基礎編

●孤独な「孤育て」

　孤独な子育てを強いられる時代になった日本の社会では，いつの間にか「**孤育て**」と揶揄されるようになった。出産してから 1〜3 週間後は，乳児の世話を中心とした生活の激変で睡眠不足になりやすく，ホルモンバランスの変化も相まって気分の低下を引き起こしやすい。このような症状はいわゆる**産後うつ**と呼ばれる。乳児中心の生活は，自宅にひきこもりがちにならざるをえず，周囲からのサポートがなければ誰とも会話しない日もあり，暴言や暴力を通してイラつく感情が乳児に向かうこともあるため，虐待のリスクを高めやすい。

　また，子どもが成長してからも孤独な子育てに悩むケースもある。「ママ友」をうまく作ることができなかった小学生の子どもをもつ母親は，非正規雇用従事者である夫の不規則勤務で夫婦の会話も少なく，育児の大変さを夫に理解してもらえない日々を重ねていた。やがて子どもが学校への登校をしぶるようになり，子どものぐずりにイラつく気持ちを抑えられなくなった。夫に育児の大変さを伝えても理解されず，いつか虐待してしまうのではないかと不安を強めていたある日，学校側から保護者に対して運動会までに作るように通知された裁縫作業ができないことを機に「もう限界」と感じ，小学校に勤務していたカウンセラーのもとに助けを求めてきたのである。

　上記は氷山の一角であるが，実質的な父親の不在や周囲に頼れないことをきっかけに孤独な育児につながりかねない。虐待行為に至るか至らないかのぎりぎりのところで育児している「**虐待グレーゾーン**」のケースは，家庭のゆとりのなさから顕在化しにくいケースも多くみられる。

●働き方改革

　日本では 2019 年から「**働き方改革関連法**」を施行し，非正規雇用の待遇差改善や長時間労働の是正，柔軟な働き方ができる環境づくりなどを盛り込んでいる。特に長時間労働の実状を国際比較の推移でみてみると，日本は 1980 年代から徐々に改善しているものの依然として高い水準にあり，ドイツやフランスとかけ離れていることがわかる（Figure 1-1）。過重労働による影響として，睡眠が 4 時間未満になると抑うつ状態を強めることが明らかになっている（島，

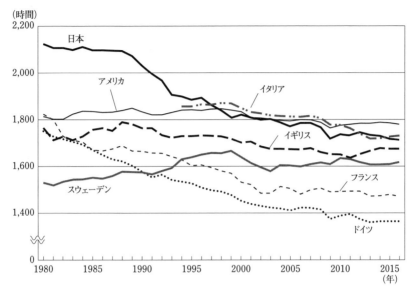

Figure 1-1　一人当たりの平均年間総実労働時間の国際比較（労働政策研究・研修機構，
　　　　　　2018）

2008）。また，100 時間以上の残業をしている労働者は，精神疾患の発症から
自殺に至るまでの期間が短いという調査結果もある（黒木，2004）。このことか
ら，過重労働はメンタルヘルスの不調に陥るリスクを高め，家族への悪影響も
計り知れない。

　政府は「柔軟な働き方」を推進し時間裁量制を導入することや，自宅での労
働を認めることを通して子どもの出生を増やしたい思惑もあるようである。し
かし，労働力不足によってむしろ企業が「柔軟な働き方」を模索するゆとりを
なくし，子育て世代にますます不利な労働環境になることも懸念される。育児
に加え親の介護の問題などの家庭内の変化に応じた労働のあり方が，ますます
問われる時代になってきている。

●ダイバーシティ（Diversity）の推進
　日本の女性就業率は約 7 割（2018 年 9 月現在）で過去最高であり，政府は**ダ
イバーシティ（Diversity）**を推進している。ダイバーシティとは，直訳すると

「多様性」を意味し，女性やマイノリティの積極的な採用を実現するための取り組みである。特に女性の幹部登用を積極的に行うなど，ダイバーシティ化に取り組む企業を経済産業省が表彰し，女性の活躍の場の広がりが期待されている。しかし，これらは一部の企業の取り組みであり，男女の雇用格差は縮まらない現状もみられる。

●雇用格差

　昭和の終わりまで一般的であった「父親は終身雇用の正社員，母親は専業主婦」があたりまえの時代は，平成不況とともに終焉を迎えた。総務省の労働力調査（2019）によると，非正規雇用の割合は38.2%と高水準を保っている。年齢別で特徴的なこととして，15〜24歳の若年層の非正規雇用の割合は50.4%と上昇している。厚生労働省の人口動態調査によると婚姻平均年齢が30代前半で推移しているように，雇用の不安定さが晩婚化を招き，少子化を導く一因になっていることが推察される。

●ひとり親家庭

　ひとり親世帯のうち母子世帯は過去最多の82.1万世帯であり，ひとり親家庭の就労状況でも雇用格差が顕著にみられる。2016（平成28）年度の全国ひとり親世帯等調査によると，正規雇用の割合として父子家庭は68.2%であるのに対し母子家庭になると44.2%のみであり，父子家庭と母子家庭に差がみられる。また，非正規雇用の母子世帯の平均年間就労収入は133万円であり，これは等価可処分所得の中央値の半分である**貧困ライン**の127万円（2018年時点）に近い数値であることに注目したい。

　さらに，母子世帯になった理由をみてみると，離婚が約8割であり2003（平成15）年度からほぼ横ばいであるのに対し，「未婚の母」の割合が8.7%と過去最多である。おそらく望まない妊娠・出産や「未婚のままでいいから子どもだけがほしい」といった出産に対する価値観の変化が，結婚しないで出産するといった非婚出産の増加につながっていると考えられる。母子家庭の帰宅時間をみると，非正規雇用だと49.6%が午後6時以前に帰宅し，正規雇用になると54.4%が午後6時から8時に帰宅する状況となっていることから，正規

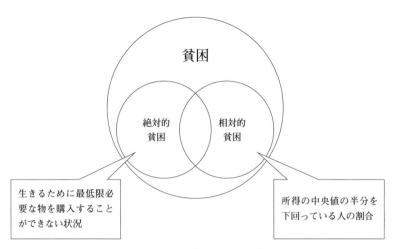

Figure 1-2 貧困の2タイプ

雇用であったとしても子どもと過ごす時間が減少している様子がわかる。

●貧困率の高まり

　貧困は，「**絶対的貧困**」と「**相対的貧困**」の2種類に大別される（Figure 1-2）。絶対的貧困とは，生きるために最低限必要な食料や生活必需品を購入することができない状況を指す。一方，相対的貧困は，所得の中央値の半分を下回っている人の割合であり，その国の所得格差を示す。2018年現在の日本の相対的貧困率は15.4%であり，OECD諸国の中でも高水準となっている。また，「**子どもの貧困**」は，相対的貧困の生活状況におかれている18歳未満の子どもを指し，子どもの貧困率になると13.5%になっている。

●精神疾患の増加

　精神疾患を有する総患者数（Figure 1-3）は，2017年には419.3万人で過去最多となっている。内訳として気分（感情）障害が最多で，次いで神経症性障害・ストレス関連障害などである。保護者の感情のコントロールの不全から子育ての質の低下につながり，保護者がすべき家事を子どもが担うなどの**親役割の逆転**が起きるケースや，健全な家族といえないような**機能不全家族**も潜在的

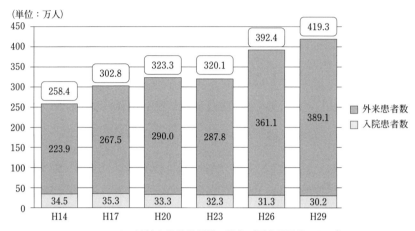

Figure 1-3　精神疾患総患者数の推移（厚生労働省，2019）

に存在するため，患者の家族の心のケアも懸案となっている。

●虐待，DV の増加

　児童相談所による**児童虐待**の相談対応件数は毎年最多を更新している（詳細は第2章，第3章を参照）。また，**高齢者虐待**，**障害者虐待**，**DV**（Domestic Violence）の件数も過去最多である。DV は配偶者暴力，夫婦間暴力と訳されて広まった概念であるが，そもそも Domestic を直訳すると「家庭内の」という意味合いであることから，親から子に対する暴力（児童虐待）や子から親に対する暴力（家庭内暴力），家庭に出入りする恋人からの暴力（デート DV）など，幅広くとらえることもできる。また，DV の相談者の内訳では 20 歳代から 40 歳代の子育て世代が約 8 割を占めており，DV を理由とする警察への通報で家庭を訪れた際に，子どもが DV を目撃する「**面前 DV**」が心理的虐待とされ，児童相談所に通告されるケースも目立つ。なお，諸外国では DV に類似した用語として **IPV**（Intimate Partner Violence）があり，「親密なパートナー間による暴力」を指すことから DV よりもパートナー間に限定した概念であるといえよう。

●虐待を生み出す社会病理

　フランスの社会学者，エミール・デュルケーム（Emile Durkheim）は，社会変化の過剰性や歪曲性といった社会が引き起こした問題の観点から社会病理を理解する必要性について指摘している。虐待件数やひとり親家庭世帯数，精神疾患患者数が過去最多であり，雇用格差の拡大，貧困率の高まりがみられる日本の現状は，残念ながら健全な社会とはいえない。特に命を奪いかねない虐待として発展しやすい社会構造は，社会病理ととらえて深刻な社会問題として解決にあたるべきである。また，心理的に追いつめられる状況は明らかであり，公認心理師や臨床心理士などから心の支援がスムーズに受けられるような仕組みづくりが急務である。

引用文献

厚生労働省（2016）．平成28年度全国ひとり親世帯等調査結果報告　Retrieved from https://www.mhlw.go.jp/stf/seisakunitsuite/bunya/0000188147.html（2020年7月14日）

厚生労働省（2019）．平成29年（2017）患者調査の概況　Retrieved from http://www.mhlw.go.jp/toukei/saikin/hw/kanja/17/dl/kanja.pdf（2020年10月1日）

黒木宣夫（2004）．労災認定された自殺事案における長時間残業の調査　産業精神保健, *12*(4), 291-295.

島　悟（2008）．過重労働とメンタルヘルス―特に長時間労働とメンタルヘルス―　産業医学レビュー, *20*(4), 161-173.

総務省（2020）．労働力調査（基本集計）2019年（令和元年）平均（速報）結果 Retrieved from https://www.stat.go.jp/data/roudou/sokuhou/nen/ft/index.html（2020年7月14日）

III　実践編①　貧困によって子育てにゆとりをなくした母子家庭の事例

1．事例の概要

　家族構成：Aさん（母親），長男（小6），長女（小1），次男（4歳）の4人家族

　Aさんは第三子となる次男が3歳になったころ離婚し，母子家庭となりました。子どもを保育園や学童保育に預け，知り合いの紹介で工場の軽作業のパートを続けていましたが，保育園と学童保育を終える時間ぎりぎりに子どもを迎えに行く日々でした。しかし，子どものインフルエンザの罹患や次男の登園しぶりで急な欠勤が続いたことでシフトに入れてもらえなくなり，収入が激減し4歳の次男の世話を長男に任せることが増えていきました。将来を悲観して眠れない日が続き，誰にも相談できず気持ちが落ち込んでいます。

2．事例検討

　家族のそれぞれの感情を推測して書き出してみよう。

●母親の感情

●子どもたちの感情

3．解説

　Aさんは誰にも頼ることができないことで家庭の問題をひとりで抱えている状態である。子どもたちも母親に甘えたい感情を押し殺し，長男は母親を支えようと父親の役割を担って子どもらしさが出せていないのではないだろうか。

　生活保護の窓口に早急につなげる必要があり，Aさんのメンタルヘルスを高めるために医療機関を受診するためのサポートも求められる。生活保護を受けることで，資格取得費，就職支援費，就労自立給付金，就労意欲喚起等支援事業，就労活動促進費などを受けられる。

　事例のその後の展開で考えられることとして，うつ症状がひどくなり，精神科クリニックやメンタルヘルスに関連する相談窓口へ訪れる可能性がある。また，家庭の生活困窮を心配した小学校の教員やスクールカウンセラーが，保護者に働きかけて支援につなげようとすることも想定される。学校からの働きかけに応じない場合，スクールソーシャルワーカーや保健センターの保健師を通して家庭訪問をしてもらうなど，より踏み込んだアプローチが必要になることもある。

Ⅳ　実践編②　地域の相談機関での子育て支援 パート1

1．事例の概要

> 　あなたは公認心理師を目指す大学院生です。研修機関である大学附属の心理相談センターでインテーク面接（受理面接）を担当することになりました。研修機関ということもあり，相談料は安価です。
>
> 　クライエントは大学近隣に住む女性Bさんです。受付票には「子育てでしんどい」と一言のみ書かれていました。愛想笑いを浮かべるものの，疲弊しやや警戒した表情でした。
>
> 　その他の情報としては，32歳で家族構成は本人と子ども2人，現在妊娠3か月，相談歴・既往歴なしにチェックが入っていました。備考欄には「眠れない」と書かれていました。

2．事例検討

(1) Bさんの状況をより把握するために，どのような質問を投げかけるとよさそうでしょうか。

（2）インテーク面接を進めるうちに，下記のことがわかってきました。
- ●離婚を機に4月に入るタイミングでアパートに転居してきてまもない。
- ●小1の長男と幼稚園児の長女（3歳）がいる。
- ●小学校でも幼稚園でもママ友の輪に入れない。
- ●周囲に頼れる存在がいない。実親とは不仲。
- ●午前中のみコンビニでバイトをしている。午後は子どもの世話で休めない。
- ●生活費がぎりぎりで見通しが立たずネガティブになり，寝つきが悪い。

　これまで得られた情報から，Bさんはどのような心境で心理相談センターに来談したと思われますか。

（3）あなたはインテーカーとして対応しましたが，そのままケースの担当カウンセラーになりました。Bさんの訴えのどのあたりに寄り添いながらゴールを設定すればよさそうでしょうか。

3．解説

●離婚と転居による環境の変化，妊娠による影響

　おそらく離婚調停などでエネルギーを注いでいたことが考えられ，子どもの世話をしながら転居の準備を行い，幼稚園や小学校の転入手続き，新居に住むための諸手続きなどを1人で担っていたことなどから疲労が蓄積していることが考えられる。加えて，妊娠3か月ということでつわりのピークを迎え，心身への負担も大きく影響している可能性がある。

●孤立感

　転居したばかりで地域になじめていないことで焦燥感を高めていそうである。また，実親と不仲であり，頼れる人がいないこともBさんを追い詰めている。3人の育児に孤軍奮闘している状況であり，何らかの支えを得たかったことが来談の動機につながっているようにも思える。

●母親をねぎらうこと

　ひとり親家庭の保護者には，「がんばってくださいね」と励ます周囲の人はいても，傾聴しながら「お母さん，がんばっていますね」と母親を具体的にねぎらう存在は意外に少ない。カウンセラーにしかできない寄り添うアプローチは，孤独な子育てを強いられている親の大きな支えになるであろう。

●医療機関などの地域資源につなげる必要性

　相談センターの来談を継続することでBさんの心の支えになればよいが，それだけでは根本的な解決にならないこともある。不眠への対処として精神科や心療内科の助けを得ることも必要になってくるかもしれないが，妊娠中ということもあり，まずは受診している産婦人科の医師へ相談すべきである。他には，学童保育やショートステイ事業を利用して子どもを預けるなど，公的な自立支援を受けられるように導くアプローチをしていきたい。

V　復習テスト

No.		解答欄
1	出産してから生じる産後うつは，睡眠不足の影響もあり躁うつ状態になりやすい。	
2	過重労働の影響として，80時間以上の残業をしている労働者は，精神疾患の発症から自殺に至るまでの期間が短い。	
3	ダイバーシティとは，「多様性」を意味し，女性やマイノリティの積極的な採用を実現するための取り組みである。	
4	非正規雇用の割合は高水準を保ち，年齢別では若年層の割合が上昇している。	
5	ひとり親家庭の雇用状況として，父子家庭と母子家庭に差はあまりみられない。	
6	相対的貧困とは，所得の中央値の半分を下回っている人の割合であり，その国の所得格差を示す。	
7	過去最多を更新している精神疾患を有する患者数であるが，症状として「神経症性障害・ストレス関連障害」が最も多い。	

コラム1　自分が貧困ライン？

　私が研究者を目指して大学院の博士課程に在学中，非正規雇用の職を複数かけもちしながら働いていたのだが，生活はぎりぎりであった。ある日，研究協力先である福祉施設に訪れた時に関係者から「参考までにどうぞ」と渡されたのが「相対的貧困」に関する新聞記事であった。その記事を見て唖然とした。私の年間給与所得が貧困ラインにかなり迫っていたのであった。

　確かに生活は苦しかったし，「ポスドク問題」といって博士号取得者が職にあぶれてしまっていることがクローズアップされ，将来に不安を抱え

ていたのは間違いなかった。しかし，自分の目標に向かってがむしゃらに
わが道を進んでいたこともあり，「貧困」という意識はまったくなかった
のだ。新聞記事を突きつけられて「自分は貧困ラインに迫っていたのか
……」とショックを受け，一瞬暗い気持ちになったのを覚えている。

　私は貧困ラインに近い存在だったが，「心理的貧困」ではなかった。数
値上での相対的貧困だけにとらわれることなく，心理的な幸福感にも着目
すべきだと感じている。

復習テストの解答

1 ×　誤「躁うつ状態になりやすい」→正「気分の低下を引き起こしやすい」
2 ×　誤「80時間以上」→正「100時間以上」
3 ○
4 ○
5 ×　正「父子家庭に比べて母子家庭は正規雇用の割合が低い」
6 ○
7 ×　正　最も多い症状は「気分（感情）障害」

第2章　児童虐待とは

I　事前学習

□　新聞記事をチェック！

> **「助けて」素直に言えなかった　目黒虐待死　母親・優里被告が語る**
>
> （中略）夫との間に子どもが生まれた前後から，結愛ちゃんへのしつけをめぐって威圧的な言動が増えた。言ったことができないと，怒りが優里被告に向けられた。
>
> 　夫からは「しっかりしつけることが結愛の将来のためだ」と繰り返された。「しつけができていないお前はバカ」とも言われ続け，「私がバカだから教えてくれているんだ」と思い始めた。
>
> （中略）夫に従う日々が続いていた16年11月，夫が結愛ちゃんをサッカーボールのように蹴飛ばすのを見て，ショックで言葉を失った。その日のクリスマス，自宅の外でうずくまっていた結愛ちゃんを見た近隣住民が通報し，結愛ちゃんがはじめて一時保護された。
>
> 　　　　　　　　　　　　　　　　（朝日新聞朝刊／2019年12月30日より引用）

□　児童虐待の相談対応件数の最新データをチェックしよう。

　　Web検索キーワード：｜厚生労働省　児童虐待相談対応件数｜

□　事前学習に役立つオススメの書籍

　　杉山　春（2013）．ルポ虐待―大阪二児置き去り死事件　筑摩書房

II　基礎編

●児童虐待の定義

　「児童虐待」と聞くと，メディアが大きく報じる事件を通して劣悪な暴力行為をイメージしやすい。だが，日本の児童虐待は 4 種類存在することをまずは把握しておきたい。児童虐待防止法第 2 条では，**身体的虐待，性的虐待，ネグレクト，心理的虐待**の 4 種類に分類している。なお，それぞれの定義は Table 2-1 の通りである。

　身体的虐待は，あざなど目に見える外傷として残ることもあり，最も周囲に気づかれやすい虐待であるが，脳内の外傷になると発見しにくい。たとえば，激しく揺さぶるといった行為になると「**乳幼児揺さぶられっ子症候群**（SBS；Shaken Baby Syndrome）」として乳幼児の脳への衝撃から死傷に至ることもある。性的虐待では，直接的な性行為だけでなく，性的行為や性的画像を見せる行為も該当することに留意したい。ネグレクト（neglect）は，和訳しにくい用語であるが，「養育の怠慢・放棄」と訳される。衣食住の世話をしないといった生命にかかわる不適切な育児をおおむね指し，密室で見えにくい虐待種別である。いわゆる「ゴミ屋敷」のような不潔な環境で生活しているケースもあれば，病気になっても受診させない「医療ネグレクト」，学校に登校させない「教育ネグレクト」など，さまざまな形態がある。心理的虐待は，脅しや無視などの言動による行為が特徴であるが，たいてい暴力行為には脅しなどの心理的虐待が伴うことも多い。夫婦などのパートナー間による DV 行為を子どもに見せることは，「**面前 DV**」と称して心理的虐待に含まれる。また，子どもに対する勉強の指導がエスカレートし不適切な言動となってしまうような「教育虐待」も心理的虐待の一種である。

●児童虐待の用語

　そもそも児童虐待は，英語で child abuse と表現される。abuse を分解してみると，接頭辞 "ab" は「異常な」，use は名詞形で「使用」を意味することから，直訳すると「異常な使用」であり，子どもに沿えば「不適切な扱い」となる。ちなみに abuse は虐待だけでなく drug abuse（薬物乱用）のように「乱用」の意味としても用いられる。なお，国際子ども虐待防止学会（ISPCAN）

Table 2-1　児童虐待の定義（厚生労働省）

虐待種別	定　義
身体的虐待	殴る，蹴る，投げ落とす，激しく揺さぶる，やけどを負わせる，溺れさせる，首を絞める，縄などにより一室に拘束する，など
性的虐待	子どもへの性的行為，性的行為を見せる，性器を触る又は触らせる，ポルノグラフィの被写体にする，など
ネグレクト	家に閉じ込める，食事を与えない，ひどく不潔にする，自動車の中に放置する，重い病気になっても病院に連れて行かない，など
心理的虐待	言葉による脅し，無視，きょうだい間での差別的扱い，子どもの目の前で家族に対して暴力をふるう（面前 DV），など

は，child abuse and neglect として abuse と neglect の概念を切り離して用いている。

　child abuse の類似語として**マルトリートメント**（maltreatment）がある。これは，Belsky（1980）によって生態学的に個人・家庭・地域社会・文化環境の4つの側面から子どもの「不適切な養育」を示し，虐待よりも広い概念としてとらえられることもある。

●アメリカの歴史的変遷

　さて，アメリカの児童虐待の歴史的変遷はどうであろうか。まず，児童虐待防止法の法制化につながった大きな出来事として，1874 年に起きた「メアリー・エレン・ウィルソン事件」がある。ニューヨークで養父母に育てられていたメアリーは，毎日のように鞭で叩かれ，顔にハサミで殴られた傷がみられる。住居の大家が関係者に相談したことで警察に保護され，事件が大きく取り上げられることになった。もう一つは，医師のケンプ（H. Kempe）が 1962 年に報告した「**被殴打児症候群**」（Batterd person syndrome, BPS）である。虐待を受けた子どもには，健康状態が平均値以下で硬膜下血腫がしばしばみられるなどの特徴を示すとした。なお，アメリカの児童虐待に関連する書籍は，原田（2008）やジョン・E・B・マイヤーズ（2011）が詳しい。

　日本では，江戸時代中期（1700 年代）に全国的飢饉（享保の大飢饉，天明の大飢饉，天保の大飢饉）によって農民の生活が苦しくなり，堕胎や生児圧殺の風

Figure 2-1　絵馬「子返しの図」（狭山市教育委員会提供）

習が広く行われるようになり，これらを「**子返し**」（神にお返しする意）や「**間引き**」と呼んでいた（詳しくは太田，2007）。具体的な「間引き」の方法としては，手で子どもの口をふさぐ，踏みつけるといった直接的な方法と，授乳しない，病気になっても放置するなどのネグレクト的方法の2種類がある。また，これらの根底には貧しさがあり，親たちが生きるためのやむにやまれぬ選択であった（豊島，2016）。そのため，「子返し」を戒めるための絵馬が描かれるようになり，現在でも「子返しの図」の絵馬が埼玉県狭山市や群馬県太田市などに指定文化財として保存されている（Figure 2-1）。

●近年の日本の児童虐待に関連する事件

　1971年以降になると，コインロッカーへの乳児遺棄が多発し，「**コインロッカーベイビー**」と呼ばれ社会問題化した。その後もトイレで出産したまま新生児を遺棄する事件などが後を絶たず，熊本県熊本市の慈恵病院（産婦人科）では，新生児を預けることのできる赤ちゃんポストである「こうのとりのゆりかご」が2007年に誕生している。主な虐待事件を Table 2-2 に示した。

　社会に衝撃を与えた出来事として，当時中学3年生だった男児を餓死寸前まで衰弱させた「岸和田中学生虐待事件」（2004年）では，暴行に加え部屋に軟

Table 2-2　主な虐待事件

年　代	事件の名称
1970 年代	「コインロッカーベイビー」（乳児遺棄）の多発化
	⋮
1995 年	恩寵園事件（施設内虐待）
2004 年	岸和田中学生虐待事件
2006 年	埼玉児童性的虐待事件（施設内虐待）
2007 年	和歌山少年暴行事件（施設内虐待）
2009 年	西淀川区女児虐待死事件
2010 年	大阪 2 児置き去り死事件
2014 年	神奈川厚木市幼児餓死白骨化事件
2016 年	名古屋小 6 受験殺人事件
2017 年	寝屋川監禁死事件
2018 年	目黒女児虐待事件
2019 年	野田小 4 女児虐待事件

　禁されたことで自力で歩行できない状態に陥り，ブルーシートに排泄させていた。「西淀川区女児虐待死事件」（2009 年）は，小学 4 年生の女児が母親と同居男性によって日常的に虐待を受け，ネグレクトによりベランダで衰弱死した女児を山に埋めた死体遺棄事件である。

　近年発生した事件では，**目黒女児虐待事件**（2018 年）と**野田小 4 女児虐待事件**（2019 年）が記憶に新しい。東京都目黒区で起きた 5 歳女児の虐待死事件は，父親が女児にダイエットと称して過度な食事制限をしていたことや，女児直筆の「反省文」（Figure 2-2）が大きく取り上げられた。

　千葉県野田市の女児虐待死事件は，冷水を浴びせるなどの暴行で死亡した。通学していた小学校で行われたアンケート（Figure 2-3）に父親から暴力を受けていると女児が回答したことで児童相談所に一時保護されたものの家庭に戻されてしまったことや，教育委員会が父親へアンケートのコピーを手渡してしまったことなどの不適切な対応も問題視された。

　教育が絡む虐待死事件としては，「名古屋小 6 受験殺人事件」（2016 年）がある。指示通りに勉強しない息子に父親は暴力を振るい続け，包丁で胸を刺して失血死させた。息子の有名私立中学への進学を願う父親が，脅しのために刃物を使用していたことが明るみになった。

ママ　もうパパとママにいわれなくても
しっかりじぶんから　きょうよりか
あしたはもっともっと　できるようにするから
もうおねがい　ゆるして　ゆるしてください
おねがいします

お父さんにぼう力を受けています。
夜中に起こされたり起きているときにけら
れたり
たたかれたりされています。
先生，どうにかできませんか。

Figure 2-2　目黒女児虐待事件の女児によ
　　　　　　る「反省文」

Figure 2-3　野田市女児虐待死事件の女
　　　　　　児による「アンケート」回
　　　　　　答文章

　障害を抱える子どもへの虐待も後を絶たない。大阪府寝屋川市の「寝屋川監禁死事件」（2017 年）では，長女が 17 歳で統合失調症と診断されていた。自宅で暴れるようになったことがきっかけで 2 畳ほどの小部屋へ閉じ込められ，約16 年間にわたり監禁が続き，33 歳で衰弱死した。兵庫県三田市で起きた「障害者監禁事件」は，重度の知的障害を抱える長男が，16 歳から 25 年以上もプレハブ倉庫の 1 畳ほどのスペースに監禁されていた。

　暴力を伴わないネグレクトによる虐待死事件も発生している。「大阪 2 児置き去り死事件」（2010 年）は，大阪市西区のマンションで 3 歳の女児と 1 歳 9か月の男児を母親が児放棄により餓死させた。「**神奈川厚木市幼児餓死白骨化事件**」（2014 年）では，父子家庭で父親が男児をアパートに放置したまま戻らず，食事の回数を減らし衰弱死したまま白骨化した遺体が 7 年も放置されていた。

　その他に，本来子どものケアを担うべき児童養護施設の職員による虐待事件も起きている。「恩寵園事件」（1995 年），「埼玉児童性的虐待事件」（2006 年），「和歌山少年暴行事件」（2007 年）は，その一例である。

　2016 年に神奈川県相模原市では，児童相談所に保護を訴えたにもかかわらず保護されなかった中学生男子生徒が自殺を図り死亡する事件が発生した。小学 6 年生だった頃に「家に帰るのが怖い」などとたびたび保護を訴えていたが，両親の同意を得られず職権での保護を見送ったと報道された。虐待の事実は不明だが，子どもの訴えを最優先に保護することの重要性や，子どもの自殺のリスクも含めた支援のあり方について考えさせられる事件であった。

　児童虐待の背景には，貧困やひとり親家庭，親の離婚や再婚といった家庭環

境の変化，親の精神疾患，子どもの障害，社会的孤立などの問題が複雑に絡み，社会全体で支えることの難しい内容を多く含んでいる。また，人材流動性の低い閉鎖的な施設空間では，施設内の虐待が起きやすいことにも留意したい。

引用文献

Belsky, J. (1980). Child Maltreatment An Ecological Integration . *American Psychologist, 35*, 320-335.

ジョン・E・B・マイヤーズ，庄司順一・澁谷昌史・伊藤嘉余子訳 (2011). アメリカの子ども保護の歴史—虐待防止のための改革と提言—　明石書店

豊島よし江 (2016). 江戸時代後期の堕胎・間引きについての実状と子ども観（生命観）　了徳寺大学研究紀要, *10*, 77-86.

原田綾子 (2008). 「虐待大国」アメリカの苦闘—児童虐待防止への取組みと家族福祉政策—　ミネルヴァ書房

太田素子 (2007). 子宝と子返し—近世農村の家族生活と子育て—　藤原書店

III　実践編①　これって虐待？

1．事例の概要

> ●以下に挙げる事例は，虐待でしょうか？　また，通告の対象になるでしょうか？
> ①往来が激しい交差点でふざけて車道に飛び出そうとした子どもの頭をひっぱたき，叱責している父親がいた。頭をひっぱたいていたので身体的虐待である。だから通告すべきではないだろうか。
> ②真夏にパチンコ店の駐車場を通りかかると，車内で幼児と思われる子どもがひとりでいるのを発見した。30分後，再び通りかかると同じ状況であった。エンジンはかかっていてクーラーがついているようだが，子どもはぐったりしているように見える。ネグレクトで通告すべきではないだろうか。

2．事例検討

　あなたが事例に直面したらどのように対応しますか？　あなたに沸き起こる感情とあなただったら通告するかどうかを書き出してみましょう。

> 〈あなたに沸き起こる感情〉
>
>
>
>
> 〈あなただったら通告するか？　その理由は？〉

3. 解説

　日本の法律では，児童虐待を発見しただけでなく，疑われる行為も通告対象となり，国民には通告する義務が発生する。しかし，①の事例にあげた内容は確かに暴力行為であり不適切なかかわりであるものの，通告するレベルにない。これが殴る，蹴るといったような行為が繰り返され，子どもの生命が脅かされる様子であれば，児童相談所よりも警察へ通告したほうがよい。

　一方，②の事例は真夏の時期に子どもを車内に置き去りにするケースであるが，ぐったりしていることから緊急性が高い。声をかけても子どもの反応がなければ119番に通報し救助を優先すべきである。

　通告がためらわれることで子どもの命が奪われる事件が後を絶たないことから，あなたの身の回りで目撃する子どもの，声になりにくい訴えに注視してほしい。

IV　実践編② 地域の相談機関での子育て支援　パート2

1．事例の概要

　　公的機関に設置されている子育て相談窓口に事前予約もなく飛び込みで
Cさん（女性）から相談申し込みがあり，公認心理師であるあなたが急き
ょ50分間で面談することになった。

　　あなたが相談申込用紙を渡そうとすると，Cさんは2人の子どもの母親
であることを告げ，「子どもが言うことをきかなくて夫がキレる」，「とめ
ると私が殴られる」，「この間警察を呼んでさわぎになった」とやや興奮気
味に混沌とした内容を語り始めた。

　　まずは「相談申込用紙」に記入してもらうことをお願いし，そこから得
られた情報は下記の通りであった。

相談したい内容：子どもが言うことをきかない。
家族構成：夫（37），Cさん（34），長男（小4），次男（小2）
医療機関への受診：あり（誰が → ご自身・その他　　　　　　　）

2．事例検討

(1) 相談申込用紙を書き終えた時点で，面接時間は残り40分です。次回また
来談する保証がないことを前提に，時間内に優先して確認すべきことを挙げて
いきましょう。

(2) その後確認したところ，長男がトラブルを起こすたびに夫が子どもを浴室
に閉じ込め，夜中でも外に出そうとするので，Cさんが止めようとしたら今度

はCさんを殴ってきて警察に通報したことが語られました。暴力をふるわれ
たことで被害届を提出するつもりはないが，子どもはCさんの連れ子でもあ
り，いつ暴力をふるわれるか心配とのことでした。医療機関の受診について確
認すると，精神科クリニックを受診して「双極性障害の疑い」と診断されたが，
主治医と相性が合わず今は受診していないとのことでした。

　そろそろ面接時間が終わりに近づいてきました。あなたはCさんに何を伝
え，どのように面接を終了するかを書き出しましょう。継続して次回の来談を
促すべきか，それとも他機関へつなげるべきかどうかも併せて検討しましょう。

（3）もし継続して来談することになったとき，何に留意しながら面接を進める
べきか，連携すべき機関や面接のゴール設定なども含めて気づいたことを自由
に述べてみましょう。

3．解説

●急な面接の対応について

　公的機関での面接は，事前予約なしに急に対応を行うことがある。そのような場合，クライエントは衝動的に訪れることもあり，まとまりのない内容で語り始めることも少なくない。公認心理師はクライエントのペースで面接が進むことに焦り，初任者であればあるほどゆとりを失いかねない。面接前に面接終了時間を伝え，時間が足りなくなったら次回も来談してもらうなど，面接構造についてクライエントに理解を促しながら進めたい。

●子どもへの虐待のリスクがある場合

　明らかな虐待行為が確認されれば上司とすぐに対応を協議し，児童相談所等へ通告すべきである。ただ，虐待のリスクがあるというレベルであれば，面接を継続させながら家族内の変化を把握し，いざというときに通告できるようにクライエントとの協力関係を築いていきたい。

● DV が疑われる場合

　パートナー間のトラブルで警察に通報するケースが増えているが，誰がどのような状況で通報したのかを丁寧に確認したい。双極性障害が疑われるということで，妻の衝動的な行動に耐えられず夫が通報している可能性もあるため，語られる内容を事実とせず，多角的にあらゆるリスクを検討したい

●医療機関の受診について

　精神科クリニックなどの医療機関に受診歴のある場合，現在受診中であるならばカウンセリングへ来談することについて主治医の了承を得ているかどうかを確認したい。受診歴はあるが現在は通院していないという場合，以前かかっていた医療機関の主治医との関係性を確認し，クライエントの希望に応じて医療機関を紹介することも視野に入れたい。そのためには，公認心理師と連携がとりやすい地域の医療機関を把握しておくことが望ましい。

V　復習テスト

No.	質　問	解答欄
1	日本の法律における児童虐待は，身体的虐待，性的虐待，心理的虐待，経済的虐待の4種類である。	
2	夫婦などのパートナー間によるDV行為を子どもに見せる「面前DV」は，心理的虐待に含まれる。	
3	child abuse の類似語であるマルトリートメント（maltreatment）は，「身体的なケアを怠る行為」を指す。	
4	江戸時代に生活苦から親が子を殺す行為は「子返し」や「間引き」と呼ばれて，習慣化していた。	
5	2018年に起きた「目黒女児虐待事件」では，女児が書いた「アンケート」が大きく取り上げられた。	
6	「寝屋川監禁死事件」（2017年）では，女児の「パニック障害」を機に監禁が長期化するようになった。	
7	児童養護施設の職員が児童に暴力をふるう事件も起きている。	

コラム2　オレンジリボン運動

　オレンジリボン運動は，児童虐待防止のための全国的な啓発運動であり，厚生労働省は毎年11月を児童虐待防止推進月間と定めている。著者は被虐待児の心のケアの現場でずっと働いてきたのだが，これまでオレンジリボン運動のことはあまり意識してこなかった。

　しかしある日，勤務先の大学の学生が，オレンジリボン運動の啓発ポスターのコンクールで入選したニュースを知り，刺激を受けて自分もゼミ生と何かやってみたい衝動にかられた。そこで取り組んだのが，虐待関連書籍を紹介するPOP制作である。

　ゼミ生それぞれが関心を持った本を1冊読み，読みたいと思うようなキ

ャッチフレーズを考え，POP にして大学の展示室に飾るイベントを 11 月に行うことにした。入選した学生のポスターも同時に展示したいと思い，学生の了承を得てオレンジリボン運動の事務局に展示許可をもらったところ，「『学生のためのオレンジリボン運動』に参加しませんか？」と誘いを受けたのだった。

　そこで我々が取り組んだ啓発イベントを報告したところ，一次審査が通って全国大会へ出場することになった。光栄にも 2 年連続で敢闘賞を受賞することができた。ちょっとしたきっかけからさまざまな書籍に出会い，大学や地域の公立図書館とのコラボレーションも実現した。今後もゼミ生とユニークなことを試みたい。

復習テストの解答

1 ×　誤「経済的虐待」→正「ネグレクト」

2 ○

3 ×　誤「身体的なケアを怠る行為」→正「不適切な養育」

4 ○

5 ×　誤「アンケート」→正「反省文」

6 ×　誤「パニック障害」→正「統合失調症」

7 ○

第3章　児童虐待のリスク要因

Ⅰ　事前学習

☐　新聞記事をチェック！

> **SOS出せず　わが子置いた**
> 　児童相談所前に生後まもない赤ちゃんを置き去りにしたとして，母親の女性（27）と内縁関係にある男性（34）がともに逮捕された。
> （中略）2人は出会い系サイトで知り合い，同居後男性は仕事を辞め，女性は風俗店で働いて暮らしを支えた。女性には軽度の知的障害があった。大人になってから実家とも疎遠になっていた。男性は正社員の職を探したが，「何社か（採用試験に）すべって自信をなくしてしまった」（裁判での供述）という。（中略）最初の妊娠では妊婦検診を受けないまま病院に駆け込んで出産した。赤ちゃんは児童相談所へ預けられた。
> 　その後，生活に困り，インターネットカフェなどを渡り歩くように。生活保護を受けようと女性が市役所を訪ねたこともあったが，必要といわれた書類がそろわず，申請できなかった。気をつけていたつもりだったが，第2子を身ごもった。今度は病院や児童相談所には相談しなかった。秋の夜，産気づいて公衆トイレに行こうとして間に合わず，橋の上で産み，翌朝，児童相談所の前に置き去りにした。
>
> 　　　　　　　　　　　　　　　　（朝日新聞朝刊／2017年9月3日より引用）

☐　最近起きた児童虐待死事件を調べてみよう。

　Web検索キーワード：児童虐待死事件　ニュース

☐　事前学習に役立つオススメの書籍

　杉山　春（2017）. 児童虐待から考える　朝日新書

II　基礎編

●児童虐待のリスクとは

　児童虐待のリスク要因（Table 3-1）として，子どもの要因，家庭の要因，社会の要因，の3つに分類したうえで，虐待死事件を交えながら述べていく。

子どもの要因

●発育不全

　子どもが未熟児で産まれたケースのなかには，通常の発達よりも遅れていることで親が焦燥感を抱き，必要以上にしつけを厳しくしてしまうこともある。新生児集中治療室（**NICU**）への入院が長期化した場合，子どもと過ごす時間が少ないことで退院した後に子育てに対するモチベーションを低下させてしまう可能性もある。また，入院中は手厚いケアを受けていたとしても退院後に地域でケアを受けにくいこともあり，**ケアの格差**が生じやすいことも育児ストレスの一因になりうる。

●子どもの性格や発達障害，知的障害

　癇癪（かんしゃく）や衝動性の高い子どもの性格傾向は，親の**陰性感情**（ネガティブな感情）を引き起こしやすい。ADHD（注意欠如・多動症）と診断されるような子どものなかには，小学校低学年まで多動性が目立つ傾向にあり，攻撃性が伴うことで親や教師の怒りを引き出しやすい子もいる。逆に，喜怒哀楽をあまり示さないような感情表出の乏しい子どもになると，放置されやすくなるといったネグレクトが起こりやすい。知的障害になると言葉の遅れや理解力の乏しさから育児ストレスにつながる可能性もある。

　児童虐待に限らないが，障害者虐待全体の発生要因として「虐待者の介護疲れ」や「介護等に関する強い不安や悩み，介護ストレス」がそれぞれ2割を占めている（厚生労働省，2018）。また，知識や情報不足も約3割みられることから，周囲からの助けを得られずに抱え込んでしまうことが，虐待リスクを高めるであろう。

Table 3-1 児童虐待のリスク要因

要　因	主な内容
子どもの要因	発育不全，性格，知的障害，発達障害，精神疾患，非行との関連
家族の要因	望まない妊娠，離婚，再婚，子どもへの過剰な期待，きょうだい間差別，精神疾患
社会の要因	社会情勢，地域からの孤立，繰り返される転居，行政の対応

●子どもの精神疾患

　寝屋川監禁死事件では，女児がプレハブ小屋へ両親によって長期間監禁され，衣服を着させられないまま１日１食しか与えられず，体重は 19 キロとなって衰弱し，33 歳のときに凍死した。女児は小学 6 年の 3 学期から中学卒業まで不登校であったといい，17 歳のときに統合失調症と診断されていた。また，16 歳のときに児童虐待防止法が施行されていたものの，行政の介入に至らなかった。本事例に限らず，精神疾患に対する親の無理解の背景には，支援機関や医療機関への不信感，親の知的障害による不適切な判断なども影響するであろう。

●非行との関連

　最新の警察庁データ「少年非行，児童虐待及び子供の性被害の状況」を見ると，近年の少年非行の件数は減少しているものの，小学生の**校内暴力**の事件が増加傾向にある。また，家出や不健全性的行為は 10 年前とさほど変わらないのが特徴である。法務省データをまとめた安部（2001）の報告によると，少年院の少年の 60% 以上が家庭内外で身体的虐待を受け，女子の場合家庭外で**性的暴力**を受けやすい傾向が示されている。また，虐待の被害を受けたときに家出をしている者が半数以上も存在したことから，非行との関連性が高いことがわかる。なお，ここでいう少年は法的な定義により女子を含む。

家庭の要因
●養育環境の影響

　養育環境の要因として，内縁者，同居人によって暴力を振るわれる事件が後

Table 3-2　養育環境の要因（厚生労働省，2007を基に作成）

未婚を含む単身家庭
内縁者や同居人がいる家庭
子連れの再婚家庭
人間関係に問題を抱える家庭
転居を繰り返す家庭
親族や地域社会から孤立した家庭
失業や転職の繰り返し等で経済不安のある家庭
夫婦不和，配偶者からの暴力等不安定な状況にある家庭
乳幼児健診の未受診

を絶たない。子連れの再婚家庭の中には，異父，異母きょうだい間の差別が起きやすい。転居を繰り返す家庭の中には，虐待が疑われるとすぐに転居するような家庭も存在するため注意が必要である。乳幼児健診の未受診は，子どものあざやケガを隠す，あるいはネグレクトによる発育不全などの何らかのリスクがある（Table 3-2）。

●望まない妊娠，離婚，貧困

　10歳台で予期しない妊娠をするような若年出産や，離婚，未婚，非婚といったひとり親による育児は，周囲からの支えや経済的な援助を受けられないことで社会的に孤立しやすい。実際，虐待死事件の検証結果では，未婚や望まない妊娠が背景にあることがわかっている。また，子どもを産んだ親が自分の親と同居していても親に助けを求められなかった実態も浮き彫りになっている（厚生労働省，2019）。

●子どもへの過剰な期待

　2016年に起きた名古屋小6受験殺人事件は，中学受験生の男児が教育熱心な父親によって包丁で刺されて死亡したとして，教育虐待という用語も注目されるようになった。偏差値の高い大学や高校，中学を志向する親が，子どもの意思を尊重せず虐待行為に陥るようなケースは実態把握を難しくさせ，事件化するのは氷山の一角であると考えられる。親自身の学歴コンプレックスや受験の失敗が作用していることもあり，親が支配的にふるまうケースは少なくない。

子どもが高校生になっても自宅での学習を厳しく監視している親も存在する。

● きょうだい間差別

　離婚や再婚を繰り返してきょうだいが増えていき，きょうだいの間で親が差別的にかかわることから虐待に発展することもある。これを「きょうだい間差別」という。たとえば，再婚相手の連れ子と，再婚相手との間に生まれた子とで異なる扱いをするなどである。

　多くのきょうだいを抱える家庭でも虐待リスクを高めることがある。特に年上の子に年下の子の育児を任せきりにし，学校に通わせないようなネグレクトなどがあげられる。

● DV（ドメスティックバイオレンス）

　パートナー間によるDVやののしりあいといった家庭内不和を子どもに見せることは心理的虐待でもあり，子どもにとって大きなストレスとなる。夫婦間の争いに子どもが仲介し，子どもの前で警察に通報し騒ぎになるようなケースもみられる。

● 親の精神疾患

　厚生労働省の調査（2020）によると，乳児院や児童養護施設への入所理由として多いのが**母親の精神疾患とネグレクト**であり，身体的虐待も認められて入所してくることも多い。

　児童養護施設の97名を対象にした調査（菅野・島田・元永, 2014）によると，全体の35%の親に精神疾患がみられ，その85%は母親であることが示された。診断名としては，統合失調症，うつ病，知的障害が大半を占め，病状悪化による養育態度の変化や自殺行為を子どもに見せる，母親の自傷行為を子どもが模倣する，などの子どもへの心理的影響も指摘されている（菅野, 2017）。

社会の要因
● 生活の困窮

　第2章でもふれたように江戸時代の大飢饉で飢餓によって子どもを育てられ

なくなり殺す風習がみられたが，現在になっても「お金がなくて育てられない」という理由で乳児を屋外トイレに遺棄する事件が年に十数件起きている（2019 年 11 月，埼玉県ふじみ野市など）。

●地域からの孤立，居所不明児童

　2017 年に大阪府寝屋川市で起きた乳児 4 人の死体遺棄事件では，貧困に加え「相談できる人がいなかった」と母親が話しているように，社会からの孤立が見え隠れする。

　住居実態が把握できない児童は「**居所不明児童**」と呼ばれ，最新データ（2018 年）では義務教育である小中学生が約 4 割を占めている。2016 年には乳児院，大阪府松原市を経て堺市へ転居した 4 歳の男児が行方不明になり，結果的に男児は山中に遺棄されていることがわかった。転居によって子どもの安全が追跡できないこともあるため，児童相談所間の連携が課題となっている。

●行政の対応

　2019 年に千葉県野田市で起きた野田小 4 女児虐待事件では，子どもが助けを求めていたにもかかわらず，学校側が父親からの威圧的な態度に屈して父親からの虐待被害を訴えたアンケートのコピーを渡してしまい，さらに児童相談所が一時保護の措置を解除し自宅に戻していたことも問題視された。この事件から，親の威圧的態度によって行政が弱腰になっていたことが，虐待のリスクを高めたといえるであろう。児童相談所には弁護士の配置が推進されている。さらに，2020 年度から全国の学校現場に約 300 人のスクールロイヤーを配置する方針となっている。

引用文献

安部計彦（2018）．子ども虐待と非行との関係 西南学院大学人間科学論集，*14*(1)，167-194.
菅野　恵・島田正亮・元永拓郎（2014）．親の精神疾患と子どもの課題についての質的検討 ─児童養護施設での追跡調査を通して─　帝京大学心理学紀要，*18*，23-29.
菅野　恵（2017）．児童養護施設入所児童における精神疾患の親から受ける心理的影響─自由記述データの分析を通して─　和光大学現代人間学部紀要，*10*，103-112.
厚生労働省（2007）．子ども虐待対応の手引き（平成 25 年 8 月改訂版）Retrieved from

https://www.mhlw.go.jp/seisakunitsuite/bunya/kodomo/kodomo_kosodate/dv/130823-01.html（2020 年 7 月 14 日）

厚生労働省（2018）．平成 29 年度「障害者虐待の防止、障害者の擁護者に対する支援等に関する法律」に基づく対応状況等に関する調査結果報告書　厚生労働省社会・援護局障害保健福祉部障害福祉課地域生活支援推進室 Retrieved from https://www.mhlw.go.jp/content/12203000/000464431.pdf（2020 年 7 月 14 日）

厚生労働省（2019）．子ども虐待による死亡事例等の検証結果等について（第 15 次報告）Retrieved from　https://www.mhlw.go.jp/stf/seisakunitsuite/bunya/0000190801_00003.html（2020 年 7 月 14 日）

厚生労働省（2020）．児童養護施設入所児童等調査の概要　厚生労働省子ども家庭局・厚生労働省社会援護局傷害保健福祉部　Retrieved from https://www.mhlw.go.jp/stf/newpage_09231.html（2020 年 7 月 14 日）

III　実践編①　虐待のリスクアセスメント

1．事例の概要

> 　下記の①から④の中で虐待のリスクが最も高いのはどのケースだと思い
> ますか？
> ①　母親はうつ病で日中寝てしまっていて家事が追いつかないが，子ども
> 　は洗濯や食事の準備を手伝って何とか日常生活を送れている。
> ②　母子家庭の子どもが「ママの恋人からパパと呼ばされている」と嫌そ
> 　うに訴えている。
> ③　小学校に転入してきた子どもが1回登校しただけで，翌日以降電話も
> 　出ず自宅アパートに訪問しても応答がなく雨戸が閉まったままである。
> ④　18歳の高校生が父親から「（難関の）A大学に合格しなかったら家を
> 　出ていけ」と言われている。

2．事例検討

①から④でその後にどのようなことが起こりうるか検討してみてください。

①

②

③

④

3．解説

　虐待のリスクが最も高いのは，③である。子どもの安全確認がとれないというところで最もハイリスクと判断される。訪問しても応答がなく雨戸が閉まっているということで，事件や事故に巻き込まれた可能性も含めて迅速に対応すべき事案である。

　①は母親の精神疾患によって親の役割を子どもが担っているケースであるが，育児放棄とまではいかないであろう。しかし，母親が日中寝ていて深夜起きているのであれば，子どもも母親と一緒に夜更かししてしまうなど昼夜逆転の生活になってしまうと，学校に登校できないといったリスクも抱える。

　②の母子家庭の子どもでは，「パパ」と呼ばされているということで強要されているのか「パパって呼んでね」と言われたことを大げさに他人に話しているのかが不明である。暴言を浴びせられる，べたべた触られる，ということになれば一気にリスクが高まる。④は大学受験生ということだが，「合格しなかったら家を出ていけ」と言われたことによるプレッシャーやストレスは大きくのしかかると思われる。ただし，18歳という時点で原則児童福祉法の対象外になることから，万が一激しい暴言や暴力にエスカレートしていったとしても頼れる公的機関はわずかで，警察に通報するしかない。

Ⅳ　実践編②　虐待リスクのある事例への対応

1．事例の概要

> 　あなたは公認心理師を目指している大学院生です。ある日，バイト先の休憩中に，パートの主婦Dさんから相談を受けました。「数年前に再婚した相手が，自分の連れ子（高校生女子）を無視するようになったとのことでした。夫に「優しくしてあげて」というと不機嫌になり，雑誌を投げるなど粗暴な行動をとることが増えたと深刻そうに語っていました。
> 　前夫とはDVが原因で離婚したこともあり，「実子や自分に暴力をふるうのではないか」と恐怖や不安を抱え，気分が落ち込むそうです。
> 　「カウンセラーを目指しているってきいたから，何かアドバイスあったらと思って。誰にも相談できなくて……。なんだか重い話でごめんね」と少し表情が和らぎました。

2．事例検討

(1) あなたは，家庭の問題に深入りすべきではない（巻き込まれたくない）と思いながらも，ふだんお世話になっているDさんの役に立ちたいという想いもあります。ひとまず，Dさんや娘のリスクをアセスメントするために確認しておきたいことを挙げていきましょう。

(2) 1週間後，バイト先を出ようとしたところ，Dさんが深刻そうな表情で声をかけてきました。内容としては，以下の通りです。

・夫の娘への粗暴な態度はエスカレートしている。

・最近娘の様子がおかしい。食欲がない。

・高校にも行き渋りがある（がなんとか登校している）。

・「悩みはあるけどお母さんに言いたくない」と言っている。

・高校にはスクールカウンセラーが来ている。親も利用できるのか？

(3) さて，このような様子から，娘の状態像や考えられる虐待のリスクを検討
しながら，どのように声をかけるかを挙げていきましょう。

3．解説

●立場の難しさ

バイト先の同僚関係であり，実習や研修などの支援の現場でのかかわりでないことからどこまで踏み込むか困惑するであろう。しかし，専門家になってからもプライベートの時間に友人や知人から相談を投げかけられることもあるため，「巻き込まれたくない」とかたくなにならず，柔軟に対応する姿勢をもちたい。

●家族力動のアセスメント

Dさんは前夫からDVを受けているため，過剰に反応している可能性もある。気持ちの落ち込みがどのような頻度でどの程度なのか，睡眠がとれているかを確認しておきたい。娘も実父のDVを目撃し男性に嫌悪感を抱いていることも考えられるため，夫の娘への接し方や娘の態度など，夫と娘の関係性をもう少し知りたい。Dさんも含めた3者の家族力動がどのようなバランスになっているのか，Dさんは夫と対等な関係であるか，それとも夫に支配されているのか，探っていきたい。

●母子関係，葛藤

Dさんは，娘の不調は夫の粗暴な態度が影響していると思っているようである。もちろん虐待のリスクがあり，なぜエスカレートしているのかを確認する必要がある。しかし，「悩みはあるけどお母さんに言いたくない」といった態度から，夫と娘の関係だけでなく，母子関係の問題や友人関係の不調についても探りたい。もしかしたら母親の再婚についてずっと葛藤を抱え続けているのかもしれない。そのようなことから，母親が高校のスクールカウンセラーに相談へ行くためのサポートをすることが適切ではないだろうか。

V　復習テスト

No.	質　問	解答欄
1	新生児集中治療室（NICU）への入院が長期化すると，退院後のケアの格差に戸惑いやすい。	
2	少年非行と虐待の関連では，少年院の 60% 以上が身体的虐待を受けており，女子では身体的暴力のケースが目立つ。	
3	教育虐待のリスクは，親の学歴へのこだわりのみに起因する。	
4	きょうだい間差別は，再婚による家族関係の変化によってリスクが高まりやすい。	
5	乳児院や児童養護施設への入所理由として多いのが，父親の身体的虐待とネグレクトである。	
6	居所不明児童は最新データ（2018 年）によると小中学生が約 2 割を占めている。	
7	スクールロイヤーは，学校への保護者からのクレームに対応するための社会福祉士のことである。	

コラム3　NICU

　子どもの医療現場を訪れたなかで，印象深いところがある。新生児集中治療室（NICU）である。ある乳児は，新生児用の大きな救急車で医師 2 名に付き添われて搬送されてきた。NICU では，複数の乳児の鳴き声とおそらく新生用の人工呼吸器のブザー音のなかで，慌ただしく動き回る看護師が目に映った。

　私が圧倒されて立ち入り可能なエリアからその光景を見ていると，看護師らしき白衣の女性が声をかけてきた。「こんにちは」とにこやかに挨拶され，慌ただしい雰囲気の現場に穏やかな看護師さんもいるんだなあと思いながら「きょうは視察させてもらっています」と伝えてふと名札に目を

やると，そこには「心理士」と書かれていたのであった。「心理士さんですか？」と確認すると，「そうなんですよ〜。心理士ってあまりなじみがないですよね？」と尋ねられたので，「実は私も心理職なんですよ」と伝えると，お互い目を合わせて驚いたのであった。

　NICU という未知の世界に同業者がいたとは……子どもの現場で心理職をしていたのに私が不勉強であったとはいえ，思いがけない出会いに嬉しい気持ちになった。そして，医師や看護師に交じって孤軍奮闘している姿に励まされたのである。

復習テストの解答

1　○
2　×　誤「身体的暴力」→正「性的暴力」
3　×　正「親の学歴へのこだわりのみ」ではない
4　○
5　×　誤「父親の身体的虐待」→正「母親の精神疾患」
6　×　誤「2 割」→正「4 割」
7　×　誤「社会福祉士」→正「弁護士」

第 4 章　被虐待児の心理，行動特性

I　事前学習

☐　新聞記事をチェック！

> **態勢遅れ　心のケア遠く**
>
> 「離せよ，離せよ」。東京都内の児童養護施設に中学生の少年のわめき声が響いた。職員に買い物をねだって断られた腹いせに電灯を壊し，人に石を投げる。職員が体を押さえると，興奮して泣き叫び，暴れだした。
>
> 困窮家庭で父親などから頻繁に暴力を受け，4歳で同施設に入所。当初は人につばを吐き，すれ違いざま理由もなく職員やほかの子を殴った。「成長しても感情を制御できず，要求が通らないと物を壊したり，暴力を振るったりしてしまう」と施設職員は顔を曇らせる。
>
> （日本経済新聞朝刊／2010 年 9 月 21 日より引用）

☐　被虐待児の心理，行動に関連する論文を調べてみよう。

　　Web 検索キーワード： J-Stage 被虐待　心理　行動

☐　事前学習に役立つオススメの書籍

　　西澤　哲（2010）．子ども虐待　講談社

II 基礎編

虐待種別による主な心理, 行動特性について, 奥山（1997）は Figure 4-1 のようにまとめている。

●身体的虐待

身体的虐待を受けた子どもは, 攻撃性や多動性, 激しい癇癪といった衝動性を外に向けるような**攻撃的**な行動様式を特徴とする。これは, 子どもからすれば親などの虐待加害者から暴力行為を介して**誤学習**をしているともいえる。また, ロールシャッハテストの研究では, 被虐待児は Afr（感情比率）が高いことから感情を刺激されやすい（坪井・松本・森田・畠垣・鈴木・白井, 2012）と示唆しており, 感覚過敏による攻撃性の高まりが考えられる。さらに, 他者を求めるときに言葉を介してではなく暴力行為でコミュニケーションをとってしまい, 誤った他者へのアプローチによって相手だけでなく自分も傷つけてしまうことになる。

このような傷つき体験を重ねることで低い自己評価を抱きやすく, 将来の希望が持ちにくい。感情の**解離症状**も起きやすく, 劣悪な虐待体験を淡々と誇張して語るといった不自然さもみられる。また, ファンタジーの世界を好み, 現実と空想の境界があいまいなまま混沌とした言動で周囲を困惑させることもある。

●ネグレクト

ネグレクトは, 緊急性が低いことで見過ごされやすい虐待種別であることから, 支援されないまま問題が長期化することも少なくない。ネグレクト児のなかには, 親から満たされなかった愛情を補完するかのように過度の愛情希求を特徴とすることがあり, ときには不適切な他者に対するタッチング（身体接触）に発展して性被害を引き起こす要因になる。一方, **感情の極端な抑圧**もあり, 感情を語らないことで自分の心を無意識に守ろうとするような心的防衛反応の傾向もみられる。

さらに, ネグレクトを**積極的ネグレクト**と**消極的ネグレクト**の2つに分類することもある。積極的ネグレクトは, たとえば親が乳幼児を自宅に置き去りに

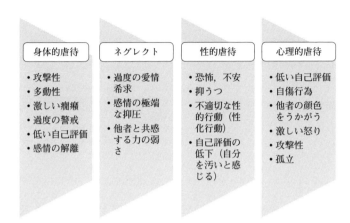

身体的虐待	ネグレクト	性的虐待	心理的虐待
・攻撃性 ・多動性 ・激しい癇癪 ・過度の警戒 ・低い自己評価 ・感情の解離	・過度の愛情希求 ・感情の極端な抑圧 ・他者と共感する力の弱さ	・恐怖，不安 ・抑うつ ・不適切な性的行動（性化行動） ・自己評価の低下（自分を汚いと感じる）	・低い自己評価 ・自傷行為 ・他者の顔色をうかがう ・激しい怒り ・攻撃性 ・孤立

Figure 4-1　虐待種別による主な心理，行動特性（奥山，1997 を基に作成）

してパートナーと外出してしまうといった，育児ができない理由が乏しい意図的なネグレクトのことを指す。一方，消極的ネグレクトは，たとえば親の精神疾患や貧困など，育児ができない何らかの理由のあるネグレクトのことである。そのため，ネグレクトに至る経緯や状況，家庭環境の変化によって子どもの心理，行動面への影響も異なってくる。

　いずれにしてもネグレクトを受けた子どもに共通する特徴として，**他者と共感する力の弱さ**がある。母子関係を基盤とした思いやられる経験の乏しさから，他者に無関心であることが多く，相手を思いやる行動がとれないことで対人関係が築きにくくなる。

●心理的虐待

　身近な親からの暴言や無視などが含まれる心理的虐待は，家庭の経済的格差にかかわらずどの家庭でも起こりうる。親から責められることで「自分が悪い」という思考になりがちで，リストカットなどの**自傷行為**（自罰的行為）に発展することもある。自傷行為は孤立感や劣等感を紛らわすための不適切な対処法になっていることが多く，自傷行為をした記憶や意識がないといった解離性障害の症状をきたすこともある。

　常に大人の反応を気にするため他者の顔色をうかがうのも特徴であり，神経

過敏状態が長く続くと疲弊しやすい。「しつけ」と虐待の境目はさまざまな論議があり，心理的虐待は他の虐待種別と比べて身体面に大きく影響を及ぼさないため，子どもへの影響が最もわかりにくい虐待種別である。そのため，心理的虐待行為が常態化しているかということと，「死ね」「いなくなれ」などの子どもの生命や生活を脅かす内容かどうかということを確認し，子ども自身が親からのふるまいを受けてどう感じているか，子どもの語りにしっかり耳を傾ける必要がある。

●性的虐待

　性的虐待は，他人に話したら殺すなどの脅迫を伴う場合も多く，従わないことで不利益を被るといった恐怖や不安を抱きやすい。また，誰にも相談できずにいることで抑うつ状態になりやすい。性行為などで性器に違和感を抱き，学校などで性器をいじるような行為や，異性の教師に身体を密着させるなどの不適切な身体接触がみられることもある。これを**性化行動**と呼んでいる。性行為を理解しないまま自分の身体に異物が入り込み，身体が汚れるなどで自分を汚いと感じるような体験にもなる。そのため，男性／女性に対する恐怖心だけでなく自己評価の低下につながりかねない。

●喪失体験と「あいまいな喪失」

　喪失体験（Lost experience）とは，自分の重要な対象を失うことを指し，身近な人の死別や離別だけでなく，転居などで慣れ親しんだ場所を失うことや居場所を失うことなども含められる。被虐待児は，一般的な家庭で育った子どもに比べて喪失体験が繰り返されやすい。

　たとえば，離婚による養育者の喪失，転居を繰り返すことによる居場所の喪失などが一例である。乳児院，里親，児童養護施設，児童自立支援施設，自立援助ホームなどを転々とするケースは，措置変更のたびに喪失体験を重ねることになる（Figure 4-2）。

　ここで，**あいまいな喪失**（Ambigurous Loss）について紹介したい。あいまいな喪失とは，「はっきりしないまま解決することも終結することもない喪失」のことである（Boss, 2015）。また，あいまいな喪失は 2 種類に分けられる

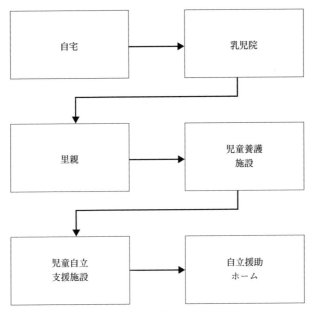

Figure 4-2　繰り返される措置の例

（Figure 4-3）。

① **「さよならのない別れ」**（Leaving without Goodbye）：きちんとお別れができないまま死別や別離を体験すること。例）急な措置，行方不明，突然死など。

② **「別れのないさよなら」**（Goodbye without Leaving）：身体的には存在しているが心理的には存在しない状況。例）精神疾患などで本来の親らしさが薄れる。家があるのに帰れない。

①の「さよならのない別れ」については，児童相談所の方針によって急に一時保護や児童福祉施設等への措置になることもあり，家族や友人とお別れができないこともある。緊急一時保護の場合，事前説明されないまま子どもが学校

あいまいな喪失（Ambigurous Loss）

さよならのない 別れ	別れのない さよなら
・急な措置 ・親の行方不明 ・親の突然死	・精神疾患などで本来の 　親らしさが薄れる ・家があるのに帰れない

Figure 4-3　あいまいな喪失の 2 タイプ

にいる時間帯や下校時を見計らって一時保護することもありうる。また，親が
突然育児を放棄して失踪するようなケースでは，いつまでも親が戻ってくるこ
とを期待し待ち続ける子どももいる。

　②の「別れのないさよなら」では，たとえば親がさまざまな不遇が重なり精
神的に追いつめられることでうつ病になり，パーソナリティの変化によって本
来の親らしさが失われることなどが該当する。また，親が統合失調症を発症し，
親の病変に戸惑い，悲嘆するようなことも別れの一種である。自宅があるのに
一時保護所や児童福祉施設で暮らさざるをえない状況も該当する。

　喪失体験を乗り越えるためには，悲嘆のプロセスに立ち向かう必要がある。
しかし，一人で喪失体験に直面することが難しいことから**グリーフケア**（悲嘆
のケア）がより求められるのである。

●虐待の再現性

　被虐待児にしばしばみられる行動として，**虐待の再現性**がある。親からの虐
待行為を無意識に学習しているため，上述したように不適切に人とのかかわり
を学習（つまり誤学習）し，さまざまな場面で虐げる行為を通して人とのかか

わりを持とうとするのである。いわゆる嗜虐性（しぎゃく）との関連もあり，学校などで同級生にいじめ行為を繰り返すような場合，虐待を受けたことによる再現性の可能性もある。

●学習性無力感

　虐待的環境に置かれることに耐えられず，抵抗して逃れようと試みても改善に向かわなければ，逃げようとする努力をとらなくなってしまう。これを**学習性無力感**（Learned helplessness）と呼ぶ。アメリカの心理学者であるセリグマン（M. P. Seligman）が，動物実験による観察を基に，学習に基づく無力感によってうつ病に似た症状を呈することを 1967 年に示唆している。

　被虐待児のなかには「何をやっても無駄」と悲観的な思考にとらわれている子どもも多く，学習性無力感になりがちな虐待的な家庭環境で養育されてきた影響は大きい。

引用文献

Boss, P. 中島聡美・石井千賀子（監訳）（2015）．あいまいな喪失とトラウマからの回復―家族とコミュニティのレジリエンス―誠信書房

奥山真紀子（1997），被虐待児の治療とケア　臨床精神医学, *26*(1), 19-26.

坪井裕子・松本眞理子・森田美弥子・畠垣智恵・鈴木伸子・白井博美（2012）．被虐待児のロールシャッハ反応の特徴と問題行動との関連　人間と環境, *3*, 35-44.

III　実践編①　子どもの行動の背後にある心理状態

1．事例の概要

　　以下の子どもの事例から子どもの行動の背後にある心理を検討してみましょう。

① 　友だちからいじめを受けていても助けを求めようとしない。
② 　隠れてリストカットを繰り返す。
③ 　幼児なのに「てめえちゃんとやれ」と暴言を吐く。
④ 　親が急に家を出て行ってしまい何年も戻ってこない。

2．事例検討

　上記①から④の説明に関連する専門用語を記入し，右欄に子どもの行動の背後にある心理状態を述べてください。

	専門用語	行動の背後にある心理状態
①		
②		
③		
④		

3．解説

　一般的な子どもでも①から③は日常的に起こりうる行為であり，背景には何らかの被虐待体験の影響やトラウマ反応の可能性がある。④の親の行方不明や失踪は，児童養護施設の入所事例でめずらしくない。

　なお，用語と想定される心理状態の回答例を示す。

	専門用語	**行動の背後にある心理状態（回答例）**
①	学習性無力感	助けを求めても助けてくれない体験を重ねていることで無力感を引き起こしている。
②	自傷行為 （自罰的行為）	孤独感や劣等感が背景にあり，不適切なストレス対処法をとっている。
③	虐待の再現性	虐待加害者の言動を無意識に模倣している。
④	あいまいな喪失 （さよならのない別れ）	あきらめの感情と期待の感情が混在し悲嘆反応を示している。

IV　実践編②　児童養護施設での自発的な言動がみられない男児の事例
1．事例の概要

　あなたは大学院を修了後，児童養護施設に就職したばかりの心理療法担当職員である。小学生のプレイセラピーを担当することになり，事前にケアワーカーから子どもの情報を聴くことになった。

　基本情報としては，以下の通りである。

対象児：Eくん（男），小学5年生

家族構成：母親（32歳），本人，妹（小3）

生活歴：出生して半年後に母親のネグレクトにより一時保護され乳児院へ入所。母親の再婚を機に1歳になる前に家庭に引き取られた。その後，再婚相手との子（妹）の誕生で世話をされなくなり，Eくんを自宅に残し父母と妹で長時間出かけていってしまうこともあったという。EくんはひとりでTVを観ながらお菓子を食べていたようである。小学校へ入学する前に深夜ひとりで公園にいるところを警察に保護され，一時保護を経て児童養護施設へ措置となった。

　幼稚園，保育所の通園歴がなかったこともあり，入所した頃は自発的な言動がほとんどなく，表情も乏しかった。小学4年生になると学校でも集団から孤立する場面が目立ち，ひとりで絵を描いている時間が多かった。空想にふけってときおりニタニタしていることが増えるなどしたため，心理療法の依頼に至った。

検査：一時保護中に児童相談所で田中ビネーを取っているようだが「IQ92」としか書かれていない。

主訴：本人には困り感がない。ケアワーカーとしては，心理療法担当職員には継続的にEくんの支えになってほしい。

2．事例検討

(1) さて，ケアワーカーからの情報以外に，あなたであれば他にどのような情報を把握しておきたいですか？　その理由も含めて挙げていきましょう。

（2）初回の面接では自己紹介をして心理室の説明をし，どの遊具で遊んでもよいことを伝えました。しかし，遊ぼうとせず，首を振ってじっとしたまま無言で椅子に座っていました。さて，あなたはEくんをいかにアセスメントしながら支援目標を立てていきますか？　具体的に書き出してみましょう。

3．解説

● Eくんの生活歴から

　本事例は積極的ネグレクトによる心理，行動特性として「感情の極端な抑制」や「他者と共感する力の弱さ」から対人関係を構築できない状況である。幼稚園，保育所に通えていなかったことで，家族以外の他者とかかわることによる心地よい体験ができていないことも，症状の重篤化につながっている。空想にふけってニタニタするといったことから，感情の解離が起きていることも想定される。

●情報の補足について

　母親はEくんを22歳で産んでいるが，母親の生活歴や学歴，精神疾患の有無，児童福祉司や施設職員と接触した際の態度などを尋ね，母親のパーソナリティをイメージしたい。現在の家族との交流がわずかでもあるのかどうかも確認したい。Eくんの身長，体重が平均値とどの程度差がみられるか，身体面の成長についてもとらえたい。学校の学級担任からの情報も知りたいところである。特に，基礎学力を身につける力はあるのか，関心の強い科目はあるのか，学級担任から見て集団場面で気になることももう少し丁寧に知りたい。絵を描いているようだが，どのような絵なのか，保管していれば見せてもらうとよい。

●初回面接での"無言"の意味

　心理室には多くの遊具が備えられており"プレイセラピー"と呼ばれるように，「楽しく遊んでほしい」という気持ちにかられるものである。しかしEくんのように反応が乏しく遊びたがらない子どもを前に，セラピストは無力感にさいなまれるであろう。ただし，遊ぶことを拒むが心理室を出ていかないのはなぜであろうか。私はEくんの"無言"には，「ぼくは遊具を求めているんじゃない」，「ただそばにいてほしい……」そんなメッセージを受け取るのである。Eくんに寄り添える存在になれることが，ネグレクト児にとって大きな支援目標になることもある。

Ⅴ　復習テスト

No.	質　問	解答欄
1	被虐待児の攻撃性は，加害者による暴力行為を介して感情の極端な抑圧をしている可能性もある。	
2	被虐待児には，虐待体験を淡々と話すといった解離症状が引き起こされる子がいる。	
3	ネグレクトのうち，貧困などで育児ができないといった理由のあるタイプを「積極的ネグレクト」という。	
4	ネグレクトに共通する特徴として，「他者と共感する力の弱さ」がある。	
5	日常での他者への不適切な身体接触は「性的違和」といわれ，性的虐待が疑われる。	
6	「はっきりしないまま解決することも終結することもない喪失」のことは「漠然とした喪失」と呼ばれている。	
7	虐待から逃げようとする努力をとらなくなってしまうのは，「学習性無力感」による影響が考えられる。	

コラム4　セラピーで子どもと一緒に寝そべる

　児童養護施設の心理療法担当職員として心理療法をしはじめた頃，私は子どもからの激しい攻撃を受けていた。たとえば，「オマエ殺すぞ」と叫びながらぬいぐるみを延々と投げつけ，箱庭の砂をわざとばらまくこともあった。

　激しく行動化するケースばかりではない。ある小学生男児は，ほとんど言葉を発することなく，壁にもたれて"居る"だけだった。私からの問いかけにほとんど反応せず，首を少しだけ振る程度であった。数セッション続けても変化がみられず，この子とのかかわりに意味があるのだろうかと

無力感を抱きだした頃，いつものように壁にもたれている男児が，大きな
あくびをしたのであった。

　「眠いの？」と尋ねると，小さくうなずいた。「もし眠かったら寝てもい
いんだよ」と伝えると，はじめは小声で「いい」と言っていたが，「ちょ
っと横になっていたら？」と再度伝えると横に寝そべりだした。彼に合わ
せて私も横に寝そべってしばらくすると，男児は目をつむって静かに眠り
についた。私はそおっと彼に毛布をかけて，再び彼の横で寝そべった。

　後でわかったことだが，同部屋の子どもから夜中にいじわるされて眠れ
ていないことが発覚した。私は思った。「この子は安全な他者に見守られ
ながら，安心できる空間でようやく熟睡することができたんだ」と。

復習テストの解答

1 ×　誤「感情の極端な抑圧」→正「誤学習」

2 ○

3 ×　誤「積極的ネグレクト」→正「消極的ネグレクト」

4 ○

5 ×　誤「性的違和」→正「性化行動」

6 ×　誤「漠然とした喪失」→正「あいまいな喪失」

7 ○

第5章　アタッチメント（愛着）障害

I　事前学習

☐　新聞記事をチェック！

心の強さ，絆が生む

　里親として25年間で14人の子どもを育てた東京都の女性（53）は，ネグレクト（育児放棄）を受けて4歳で預かった男児を思い出す。食べ物への執着が強く，食べるのをとめられると本を次々に投げつけ，手足にかみついた。

　しかし，男児がふと漏らした言葉が女性を支えた。「お母さん，ボク，この家で幸せになりたい」。そのとき「この子に，愛されているということを伝えたい」と強く思い，わがままと思われる要求も受け入れ，ささいなことも褒めた。衝動的暴力は数年かけて少しずつ落ち着いていった。

（日本経済新聞朝刊／2011年1月28日より引用）

☐　アタッチメント障害の論文を調べてみよう。

　Web検索キーワード：| J-Stage　アタッチメント障害 |

☐　事前学習に役立つオススメの書籍

　米澤好史（2019）．愛着障害・愛着の問題を抱えるこどもをどう理解し，どう支援するか？　福村出版

Ⅱ　基礎編

●アタッチメントとは

　アタッチメント（Attachment）という用語は，①取り付け，付属（品），②愛着の2つを指す。①は，たとえば「油圧ショベルのアタッチメント」というように，建機作業に用いる油圧ショベルのアーム先端部分を別の部品に交換して作業を行うことなどで用いられる。また，ビジネス用語では，メールの添付ファイルの意味でも使われる。ここでは，②の愛着と和訳されるアタッチメントについて解説するが，どちらにも共通することとして，"ひっつく"，"接触する"，"つながる"といった密着した関係性を指すことがわかる。

●愛着理論

　まず，児童精神医学の研究者であるボウルビー（J. Bowlby）によって**愛着理論**（Attachment Theory）が確立された。愛着理論とは，わかりやすく説明すると人と人との親密さに関する愛着行動の理論である。乳児は，養育者との親密な関係を維持しながら相互作用を繰り返すことで，養育者との間に愛着が形成されていく。例としては，乳児が微笑むことで養育者が微笑みかえし再び乳児が微笑む。泣いた乳児を養育者が抱きかかえて背中をさすり乳児は泣き止む。乳児のオムツが不快なことに養育者が気づいてオムツ交換する。このように，日常的に乳児の反応に養育者が呼応しそのことを繰り返すことで，乳児との信頼関係が形成されていくのである。なお，母親ではなく養育者としたのは，必ずしも養育する対象は実母に限らず，実母に代わる養育者でも十分に愛着対象となるからである。

●マターナル・デプリベーション（母性剥奪）

　マターナル・デプリベーション（Maternal Deprivation）とは，乳幼児期に，養育者との心理的な相互作用が著しく阻害されることである。1950年代のイタリアにおいて孤児院などで育てられた子どもの発達の遅れや死亡率の高さが問題化し，WHO（世界保健機関）の調査にボウルビーがかかわったことで提唱された概念である。1950年以前にも乳幼児が施設で長期間生活することによって心身の発達の遅れや表情の乏しさが生じることが指摘され，スピッツ

（R. Spitz）によって**ホスピタリズム**（Hospitalism，施設病，施設症）といわれてきた。しかし，施設での養育がホスピタリズムを引き起こすというわけではなく，養育者の交代などで愛着対象が定まらないことによって生じるとして，一般家庭でもマターナル・デプリベーションが起こりうるとされている。

　日本では児童福祉施設による「施設養護」でのケアを主流としていたが，諸外国にみられる「脱施設化」に伴い，里親家庭での養育（フォスターケア）の動向を受けて，施設の小規模化などでより家庭的な環境で養育を行う「家庭的養護」と，里親制度による家庭での養育を行う「家庭養護」が推進されるようになり，社会的養護の転換期を迎えている。

　だが，家庭的な環境もしくは里親家庭で子どもを育むというよりも，養育者の交代がたびたび起こることなく，一貫した愛着対象による養育が進められることのほうが重要なのである。

●心の安全基地

　ボウルビーの研究チームに参加していた発達心理学者のエインスワース（M. D. S. Ainsworth）は，1982年に「**安全基地**」（Secure Base）の概念を提唱した。安全基地とは，養育者との強い信頼関係によって，養育者から離れたとしても待ってくれているという安心感を抱けるような環境のことである。心の安全基地が保証されることで，子どもは徐々に外的世界を探索するようになり，養育者が目の前やその場に不在でも不安を抱かずにいられるようになる。

　被虐待児のなかには，そもそも安全基地どころか生命を脅かす養育者に育てられてきた子どもも存在する。主要な養育者との基本的信頼感を築けないまま心の安全基地を得られずに外的世界に放り込まれるため，心理的に不安定な状態が続き外的世界におびえて安心して探索行動をとることができないのである。

●ストレンジ・シチュエーション法

　愛着理論に基づきエインスワースらによって乳児と母親とのアタッチメントを類型化したのが，**ストレンジ・シチュエーション法**を用いた実験である。人見知りの激しい1歳未満の乳児を母子分離させ，母親が退室し子どもを部屋に残した後，ストレンジャー（見知らぬ大人）が入室してきたときの反応を観察

した。この実験から導き出されたのが，AからDの4つの愛着タイプである。

- ・Aタイプ（回避型）：母親が退室しても混乱せず，ストレンジャーが入ってきても一人で遊びを続け，親が戻ってきても愛着行動を示さない。
- ・Bタイプ（安定型）：母親が退室すると混乱し，母親が戻ってくると身体接触を求めて落ち着きを取り戻す。
- ・Cタイプ（葛藤型）：母子分離の際に強い不安や混乱を示し，母親が戻ると怒りをぶつけてくる。
- ・Dタイプ（無秩序型）：母親と目を合わせようとしない，おとなしくしていたかと思えば急に泣き出すなど，矛盾した態度を示す。

　被虐待児や母親が精神疾患を抱えて不適切な養育を受けた場合，Dタイプの無秩序型の傾向があるとされている。

●アカゲザルの実験

　愛を科学的に検証しようとしたハーロウ（H. Harlow）の人形（代理母）を用いた**アカゲザルの実験**（Figure 5-1）を紹介したい。胸あたりに哺乳瓶がつるされているワイヤーで作られた人形（右側）と，もう一方は毛布にくるまれた哺乳瓶のない人形（左側）を並べて子ザルを放った。ハーロウは，子ザルは哺乳瓶が下げられているワイヤーの代理母へ飛びつくだろうという仮説を立てたが，仮説に反して子ザルはほとんどの時間を毛布にくるまれた代理母に抱きついたまま過ごし，激しい空腹に襲われたときだけワイヤーの代理母の哺乳瓶に口を運んだのである。

　母と子の絆は，食べ物を与えるからできるのではなく，生き物同志が接触して心を落ち着かせるから母子の絆（＝愛着）ができるのである（井原，1996）。ハーロウの実験は，長期にわたるサルを用いた実験によって倫理的に問題があるのではと批判されてきたが，ハーロウの実験から得られたこととして，幼い子どもは食べ物よりも肌と肌のふれあいを強く求めていることがわかる。

Figure 5-1　Harlow のアカゲザルの実験（Harlow, 1960）

●アタッチメント障害

　上述した理論や実験から診断名へと発展した**アタッチメント障害**（Attachment Disorder）は，子どもと養育者との間で愛着形成が十分なされないことで生じる子どもの心理的問題，対人関係の問題のことを指す。幼い頃に虐待を含む不適切な養育を受けた子どもは，安心感の欠如や愛情の満たされなさから愛着（アタッチメント）が築けなくなるのである。

　アタッチメント障害には DSM-5（アメリカ精神医学会による精神障害の診断と統計マニュアル）において 2 つの分類がある（Figure 5-2）。ひとつは「**反応性アタッチメント障害**」（Reactive Attachment Disorder）であり，甘えたいのに素直に甘えられない，相手からの優しさを受けとめられず攻撃的になってしまうといった「両価的な感情」（ambivalence）がみられる。警戒心が強くイライラや不安，悲しみといった情動のコントロールができず，同一の対象に対して

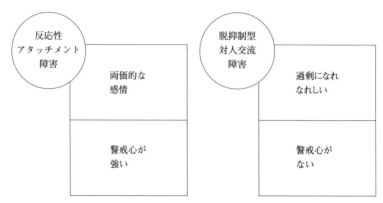

Figure 5-2　アタッチメント障害の特徴

相反する感情，つまり愛と憎しみを同時に抱えるのが特徴である。

　もうひとつの「**脱抑制型対人交流障害**」（Disinhibited Social Engagement Disorder）は，初対面の相手にも過剰になれなれしくふるまい，抱っこやおんぶをせがむような対人距離の近さといった無差別的愛着が特徴である。警戒心がないため，非行グループに近づくこともあり，性被害にも遭いやすい。

　いずれも集団生活中心の学校では二次的問題として不適応を起こしやすく，同年代の仲間との関係が築けず孤立も生じやすい。したがって，登校しぶりや不登校に発展すると三次的な問題となり，孤立心をさらに深めてしまうのである。

引用文献

Harlow, H. F. (1960). Primary affectional patterns in primates. *American Journal of Orthopsychiatry, 30*(4), 676-684.

井原成男（1996）．ぬいぐるみの心理学―子どもの発達と臨床心理学への招待―　日本小児医事出版社

奥山真紀子（1997）．被虐待児の治療とケア　臨床精神医学, *26*(1), 19-26.

Ⅲ　実践編①　人懐っこすぎる子どもの危うさ

1．事例の概要

　　小学3年男子のFくんは，かわいらしい表情をしていて人懐っこい子
です。しかし，きょうだいが4人もいて就学していない弟と妹に母親はか
かりっきりで，あまりかまわれていないようです。

　　ある日，学校からの下校中にFくんが一人で帰宅していたところ，後
ろから歩いてきた男性から「この辺に公園ってある？」と声をかけられま
した。Fくんは声をかけられたことがとても嬉しくなり，男性の手を引い
て案内してあげました。

　　公園に到着したところ，男性は「お礼にいいものあげる。けど他の子に
見られたらうらやましがるから，公園のトイレでこっそりあげるね」とい
ってFくんをトイレの個室に連れて行こうとしました。しかし，たまた
ま通りかかった巡回中の警察官が男性を職務質問し，Fくんは無事保護さ
れました。

2．事例検討

　　Fくんは2つのアタッチメント障害のどちらのタイプでしょうか？　また，
母親はFくんを叱るだけで，Fくんは悲しそうです。Fくんの考えられる心
境を書き出してみてください。

3．解説

●脱抑制タイプについて

　Fくんは，アタッチメント障害の脱抑制タイプ（「脱抑制型対人交流障害」）が疑われる。初対面の人に対する距離の近さや，知らない人について行ってしまうことで犯罪にも遭いやすい。なお，本事例の男性は，Fくんを密室に連れていき，性的いたずらを企てようとした犯罪未遂者を想定している。小学校高学年女子の事例では，SNSなどを通じて知らない男性と会い，監禁されるといった事件も起きている。その背景には，子ども側の脱抑制性の問題が加害者を引き寄せていることもある。

●母親への対応について

　危険な目に遭ったFくんを叱るだけの母親は，4人の育児でゆとりのない状況であることが推測される。しかし，Fくんは自分の行動の何が悪いのかがわかっていないであろう。大切なのは，母親がFくんの寂しい気持ちを汲み取り，短時間であってもFくんの心が満たされる機会をもつことである。

Ⅳ　実践編②　突如取り乱した女児とのかかわり

1．事例の概要

あなたは，児童養護施設の心理療法担当職員の2年目として，中学3年生の女子Gさんの心理面接を担当することになりました。Gさんは自分の心理の担当者ができたことがとても嬉しく，あなたと会えるのを楽しみにしていました。

　ある日，施設の敷地内で，以前ケースを担当していた高校生のHさんとすれ違い，近況報告を受けていました。すると，Gさんが現れ，挨拶するとにらみつけて去っていきました。そのあとの心理面接では，「私のために来てるんじゃなかったの？　あんた何しに来てんの？　ほんとむかつくわ。帰れ！　早く帰れ！」と泣き叫び，手元にあったクッションをあなたに投げつけて「もう会いたくないし。バイバイ」といって立ち去りました。

2．事例検討

(1) Gさんの急な言動に直面し，あなたにはどのような気持ちが沸き起こりますか？　できるだけ挙げていってください。

(2) あなたは急な出来事に気持ちの整理がつかずしんどい想いをしていましたが，後日，職員から連絡があり，「Gは反省しているのでまた会ってもらえま

すか？　本人も謝りたいと言っているので」とのことでした。Gさんと再会したときのGさんの心境を察するとしたら，どのような心境だと思いますか？

(3)　また，Gさんから謝罪を受けた後に，今回の出来事についてGさんへ何か声をかけますか？　あなたの取る行動とその意図を説明してください。

3．解説

● Gさんの心境について

　Gさんのような子どもは，支援者をふとしたきっかけで攻撃することもあるため，周囲と繰り返しトラブルを起こし，信頼関係を築きにくい。自分のために会ってくれていることは理解しているため，冷静さを取り戻した頃に「またやってしまった」と感じるであろう。たびたびトラブルを起こす自分を責め，自暴自棄になり自傷行為をしてしまうリスクもある。また，抑うつ的になり学校へ行きしぶるようなことも想定される。

●激しい攻撃性に耐えられるか？

　親身に接してきたのに激しい攻撃性を向けられるため，どのような立場の人であってもしんどい想いをするであろう。大学院などで心理学を専門に勉強していたとしても，ショックからGさんとの再会をためらうかもしれない。支援者の感情を強く揺さぶってくるのも，アタッチメント障害を抱えた人たちの特徴である。それゆえ，スーパーバイザーからの支えを得ることに意義がある。

●再開した後のアプローチ

　何が正解ということではないが，アプローチの例を示す。

　①「施設にいればいろんな子どもたちとかかわるから，この間のようなこともあるのはわかるよね？　心理面接は，Gさんさんのためであるし，これからもGさんと会っていきたいけど，どうかな？」
　②謝罪に対し「わかった。気にしないで！　このあいだはびっくりしたけどね」とさらっと返答する。（端的に伝えて普段通り接する）
　③「かっとなったときってどんな気持ちになってしまうのかな？　学校とか施設でも同じようにかっとなって困ることはあったかな？」（本人の課題として方向づける）

　いずれにしても，何があっても寄り添い続ける存在が，対人関係の心地よさとして内在化していくととらえたい。

V　復習テスト

No.	質　問	解答欄
1	マターナル・デプリベーションとは，児童期の多感な時期に養育者との相互作用が著しく阻害されることである。	
2	施設での養育は，ホスピタリティを引き起こしやすいと言われてきた。	
3	エインスワースは，養育者から安心感を抱ける環境として「安全基地」(Secure Base) の概念を提唱した。	
4	ストレンジ・シチュエーション法の「葛藤型」は，矛盾した態度を示すタイプである。	
5	ハーロウのアカゲザルの実験では，子ザルが毛布よりも哺乳瓶を好んだため生理的欲求の重要性が示唆された。	
6	反応性アタッチメント障害では，両価的な感情を抱くのが特徴の一つである。	
7	脱抑制型対人交流障害は，警戒心が強いことで対人交流ができないことを指す。	

コラム 5　事件が起きてからの心のケア，それでいいのか？

　ある中学校でスクールカウンセラーをしていた私は，制服を崩してスカートを短くし，茶髪に派手な化粧をしている女子生徒 M さんと授業中廊下ですれ違った。「おはよう！　遅刻？」と声をかけると，週 1 回しかこない私に「誰？　なに教えてる先生？　名前なんて言うの？」と人懐っこく絡んできた。彼女は毎朝堂々と遅刻し，自分に声をかけてくれる先生にこのようにまとわりつくのであった。

　ある日，事件が起きた。M さんがいつものように寝坊して登校する途

中に，車で近づいてきた20歳前後の男性に声をかけられ，車に乗ってしまったのである。薬を飲まされ，気づいたときにはホテルの一室にいて服装は乱れ，何とか逃げて警察に保護された。病院に搬送され，胃洗浄をして帰宅となった。

　性被害に遭っていることで心のケアの要望があり，スクールカウンセラーの私と定期的に面談することになった。「マジ怖かったよ。あとはじめて入院した。変な薬飲まされたからさあ」といつもの健気な態度である。面接を繰り返すうちに，親がまだ若く，小学生の頃から自分を置いて両親が出かけて行ってしまうことで寂しい想いをしていた過去のトラウマが語られた。

　事件が起きてようやく心のケアにつながる。それでいいのか？　心のケアのニーズのある子どもに早めに手を差し伸べられるような予防的な取り組みが急務だ。

復習テストの解答

1　×　　誤「児童期」→正「乳幼児期」

2　×　　誤「ホスピタリティ」→正「ホスピタリズム」

3　○

4　×　　誤「葛藤型」→正「無秩序型」

5　×　　正「毛布に体を密着させたため，生理的欲求よりも肌と肌のふれあいを強く求めた」

6　○

7　×　　誤「警戒心が強いことで対人交流ができない」→正「警戒心がないため性被害に遭いやすい」

第6章　トラウマ，PTSD（心的外傷後ストレス障害）

I　事前学習
☐　新聞記事をチェック！

コロナごっこ　子の不安映す

　新型コロナウイルスの感染拡大による学校の休校が長い地域で2か月を超え，保育園への登園自粛も一部で続いている。外出自粛や親のストレスもあり，懸念されるのが子どもたちの心身の不調だ。一見不謹慎な「コロナごっこ」を繰り返したり，逆に普段より聞き分けが良くなったりと，不安の表れ方はさまざまで，専門家は「ささいな変化も見過ごさないで」と助言する。

　緊急事態宣言が全国に拡大された4月中旬。広島県内の私立保育園で追いかけっこをしていた園児の1人が突然，「おなかが痛い」と倒れ込んだ。他の園児がすぐに駆け寄り，医師のまねをして言った。「コロナウイルスですね」。

（日本経済新聞夕刊／2020年5月16日より引用）

☐　災害時の心のケアに関する動画を視聴してみよう！
　　Web検索キーワード：こころの情報支援センター　心のケア・Web講座

☐　事前学習に役立つオススメの書籍
　　西澤　哲（1997）．子どものトラウマ　講談社

II　基礎編

●トラウマとは

　心的外傷（Psychological Trauma）とされるいわゆる**トラウマ**（Trauma）は，心理的な衝撃や恐怖の出来事が記憶に残り続ける心の傷つきのことである。なお，トラウマの語源は，ギリシャ語の Schara（暖炉）を起源とした「傷跡」（Scar）に由来する。心の傷は目に見えないわけであるが，神経学者のシャルコー（J. Charcot）は，トラウマを「心の寄生虫」と表現している。また，西澤（1997）はトラウマを「心の異物」とし，異物の侵入を防ぐために心的防衛反応が起こり，接触回避や攻撃，解離が生じるとした。

●トラウマのメカニズム

　西澤（1997）は，Figure 6-1 のようにトラウマを説明した。右図は大人を指し，黒い部分がトラウマである。トラウマが心に入り込もうとすると，回避や麻痺といった対処を行うことでトラウマの侵入を阻もうとする。一方，左図の子どもの場合，気づかないうちに心にトラウマが入り込み，心の中心部からじわじわとトラウマによる歪みが生じるとした。この図は，子どもはストレッサーに対するコーピングスキルを十分身につけていないことと，周囲が気づかないうちに心の傷が広がっていくという示しにくいトラウマのメカニズムを，みごとに説明している。

●トラウマの歴史

　そもそもトラウマに関連する歴史的な出来事は，20世紀にさかのぼる。まず，第一次世界大戦にて砲弾のショックを受けた兵士に神経症の症状がみられたことがイギリスの心理学者であるマイアース（C. S. Myers）によって報告され，それを**シェルショック**と呼ぶようになった。以降，「**戦闘ストレス反応**」として注目されることになり，症状として脅威に対する過敏性を特徴とし，自律神経系の興奮症状から慢性的なイライラ感や驚愕反応，怒りの感情の爆発が起きるとされた。

　第二次世界大戦では，敵対する者を収容した強制収容所に居続けさせられることで**拘禁反応**が起こりやすくなり，そのような事象を「**強制収容所症候群**」

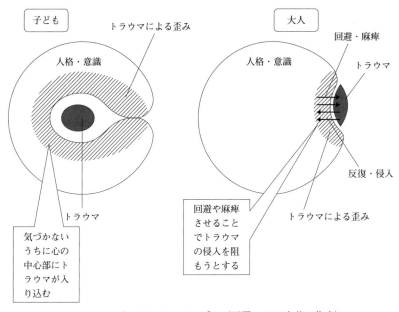

Figure 6-1　トラウマのメカニズム（西澤，1997 を基に作成）

（concentration camp syndrome）と呼ぶようになった。米ソの代理戦争として長期化したベトナム戦争では，戦地からの帰還兵がストレス症状として恐怖や感情の麻痺，著しい健忘などを示すようになり，**「ベトナム退役軍人症候群」**（Vietnam veteran syndrome）として注目され，PTSD の疾病概念の発端となった。

●被虐待児とトラウマ

　1962 年にアメリカの医師であるケンプ（H. Kempe）によって報告された**「被殴打児症候群」**（Battered Child Syndrome）は，子どもへの身体的暴力の問題が国際的に広く認知されるきかっけになった。1974 年には，同じくアメリカで「レイプ・トラウマ症候群」（rape trauma syndrome; RTS）が注目されるようになり，戦闘帰還兵の症状と似ているとされた。

● PTSD と ASD

　国際的な診断マニュアルである DSM-5（アメリカ精神医学会；APA）と ICD-10（世界保健機関；WHO）には，心的外傷に関する診断名として**心的外傷後ストレス障害**（**PTSD**：Post Traumatic Stress Disorder）と **急性ストレス障害**（**ASD**：Acute Stress Disorder）の2種類が存在する。なお，ICD は約30年ぶりとなる改訂版として 2018 年に ICD-11 が発表され，数年後に日本語の翻訳版の発表となる見込みである。

　PTSD は，追体験，過覚醒，回避が主症状となる（Figure 6-2）。原因となった出来事の記憶がある日突然鮮明に思い起こされ（**追体験／フラッシュバック**），その出来事を再び体験するかのような感覚に陥る（**再体験**）。症状として，交感神経が常に優位になり警戒心が強くなる**過覚醒**，トラウマとなる出来事に関連する人や場所の**回避**，これらによって生じる不眠，感情の萎縮，疎外感，罪悪感，うつ状態などの症状が伴うこともある。これらが**1か月以上**持続し日常生活に支障をきたす場合に PTSD と診断される。

　ASD では，日常生活に支障をきたす強い不快感を示す反応が**1か月未満**で解消する。なお，同じく診断名である自閉スペクトラム症も ASD の略称を用いるため，診断名の混同に注意したい。

　PTSD は虐待だけでなく，DV，予期しない事故や災害などの出来事，身近な人の死（死別体験）などをきっかけに，誰にも起こりうる。また，死別や離別だけでなく，居場所や機会を失うなどの**喪失体験**によって深い悲嘆や絶望感を抱くことも PTSD と関連してくる。悲嘆反応は自然な反応であるものの，深刻なケースでは自殺や後追い死のリスクもありうるため，予後を注視すべきである。

●サバイバーズギルトと記念日現象

　日本で PTSD が注目された出来事として，1995 年に起きた地下鉄サリン事件や 2001 年に大阪教育大学附属池田小学校で発生した小学生無差別殺傷事件，2005 年の JR 福知山線脱線事故が挙げられる。自分は助かったことで自責の念に駆られる「**サバイバーズギルト**」（Survivor's Guilt）もまた PTSD 症状の一種ととらえることもできる。「**記念日現象**」（Anniversary Phenomena）は，死別

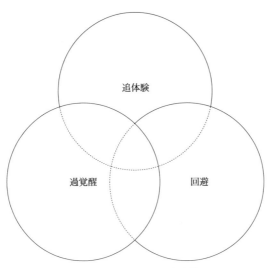

Figure 6-2　PTSD の主症状

した日（命日）やトラウマとなった衝撃的な出来事の日が近づくにつれて記憶が想起され，悲嘆や苦痛を伴い心身に不調をきたすことを指す。記念日が毎年訪れてつらい体験に向き合うわけであるが，毎年ゆるやかに過去と対峙することで，喪失した対象を捉えなおすきっかけになっていく。

● 災害遊びと被災後の特徴

　子どもの場合，衝撃的な出来事を適切に理解できず，言葉を介して感情表現（言語化）できないことで，大人よりもストレスを抱えやすいのが特徴である。2011 年に起きた東日本大震災では，避難所などで子どもたちが地震ごっこや津波ごっこを展開する「**災害遊び**」が話題になった。2020 年の新型コロナウイルスの感染拡大でも「コロナごっこ」を繰り返す子どもがいた。周囲の大人は不謹慎だといって遊びをやめさせるわけだが，トラウマとなる出来事を遊びで追体験することによって，子どもなりにトラウマを乗り越えようとしているのである。これは**ポスト・トラウマティック・プレイ**（Post Traumatic play）と呼ばれ，プレイセラピーでも葬式や生と死をテーマにした遊びが展開されることがある。

Table 6-1　解離性障害の特徴

診断名	特　徴
解離性健忘	外傷的体験を想起できない。
解離性同一性障害	2人以上の別人格が現れる。
離人症性障害	自分から遊離して自分を遠くから眺めているように感じる。

　被災した直後の特徴として，過緊張，過覚醒，**過活動**が指摘されている。特に過活動は，気分が高揚し自分のことで大変なはずなのにあえて他者のために貢献するような向社会的行動をとり，英雄的行動によって承認欲求を高めようとする。自らが被災者でありながら社会的な奉仕活動に取り組むことは立派なことであるが，自分の課題に直面できないがゆえの回避行動になっていることもあるため，その人の行動を尊重しつつ心身共に疲弊しないように活動制限を提案しながらアフターケアを行う必要がある。

●単発性 PTSD と複雑性 PTSD

　単発性 PTSD は，一度だけの事故や災害，痴漢，レイプなどの出来事に由来するものを指す。一方，**複雑性 PTSD**（Complex Post Traumatic Stress Disorder）は，虐待や家庭内暴力，拷問など長期的に行為が繰り返されることで生じる。複雑性 PTSD のほうが慢性的に対人関係の困難さを抱えやすいとされ，希死念慮や依存症，衝動的にリスクを負う行動に出ることなどが特徴である。

●トラウマと解離性障害

　心的外傷後に起きる可能性がある症状として，**解離性障害**（Dissociative Disorders; DD）がある。解離性障害は，①解離性健忘，解離性遁走（フーグ），②解離性同一性障害，③離人症性障害に分類される（Table 6-1）。

　解離性健忘では，外傷的体験を想起できないものの，関連する出来事に触れることで恐怖感を抱く場合もある。解離性遁走は突発的に日常生活から離れて別の土地に住み，過去の記憶もしくはトラウマとなる前後の記憶が想起できなくなる。解離性同一性障害は，1人の人間の中に複数の人格が現れる症状であり，かつては二重人格，もしくは多重人格と呼ばれていた。幼児期の虐待など

のトラウマ体験によって引き起こされやすい。離人症性障害は，自分から遊離して自分を遠くから眺めているように感じる体験を有する。

引用文献

西澤 哲（1997）．子どものトラウマ　講談社

西澤 哲（1999）．トラウマの臨床心理学　金剛出版

髙橋三郎・大野　裕（監訳）（2014）．DSM-5 精神疾患の分類と診断の手引　医学書院

融　道男・中根允文・小宮山　実（監訳）（1993）．ICD-10 精神および行動の障害　臨床記述と診断ガイドライン　医学書院

杉山登志郎・堀田　洋（2019）．発達性トラウマ障害と複雑性 PTSD ―その病理と簡易型トラウマ処理アルゴリズムによる治療―小児の精神と神経，*59*(1)，15-23.

III　実践編①　新型コロナウイルス感染症の蔓延と子どものトラウマ

1．事例の概要

2020年4月，新型コロナウイルス感染症の蔓延で小学校が休校になり，入学式も中止になりました。新入生の男児Iくんは，「ぼくは小学生になれないの？」と不安そうにしています。

お父さんは自宅で仕事をするようになりましたが，Iくんは家で暴れているため，「静かにしなさい」と怒られてしまいました。徐々にテレビを視聴する時間が増え，兄と一緒にお医者さんごっこと称し，「コロナにかかってしまったので手術してください」といった遊びが目立つようになりました。母親は「そんな遊びやめなさい」と困惑しています。

ある日スーパーへ買い物に行ったとき，母親はドアノブに触っていたIくんに「さわんないの。ばい菌がたくさんついてるでしょ。死んでも知らないよ」と伝えました。するとそれ以降，1か月以上経ってもIくんは家のドアノブも触れなくなり，触れてしまうと手を30分以上洗っています。スーパーへ行くことも怖がってしまいました。

2．事例検討

トラウマやPTSDの観点からIくんの症状について気づいたことを述べてみましょう。

3. 解説

●通過儀礼の喪失体験

　卒業式や入学式はライフイベントとして，次のステップへ向かうための通過儀礼の意味がある。しかし，社会を揺るがす事態によって各種行事が中止になり，通過儀礼の機会を奪われてしまうことになる。これも子どもたちにとって一種の喪失体験となる。

●行動制限によるストレス

　新型コロナウイルスの拡大では，さまざまな行動制限によって子どもは学校へ登校できず，親も自宅勤務といった新たな環境適応を求められる。そのため，これまで習慣化された家族の距離感に変化が生じ，不自由さから親子共にストレスを抱えやすい状況になっている。

●「コロナ遊び」とトラウマの克服

　新型コロナを題材にした子どもの遊び（「コロナ遊び」）は，いわゆる「災害遊び」と同様にみられることになった。漠然とした不安を遊びに変えてしまうところが，子どもの強みである。大人からすると不謹慎と受け取ってしまう内容でも，子どもからすればトラウマを克服するための重要な作業となる。

● PTSD と回避行動

　災害は目に見える現象であれば子どもも理解しやすいが，ウイルスという目に見えない現象になると混乱してしまいやすい。つまり，状況を理解できないまま死への恐怖や不安だけが募っていくことになる。ウイルスの場合，触ることへの恐怖心から強迫性障害（たとえば手洗い行為を繰り返す）に発展することもある。事例からは PTSD による回避とまではいかないが，ドアノブに触れる行為が不合理なイメージとなり，回避行動につながっていることが推測される。

IV　実践編②　被災地から転学してきた高校生女子の事例

1．事例の概要

> 　あなたは，スクールカウンセラー（以下，SC とする）として公立高校に週1回勤務しています。ある日，被災地から転入してきた2年生の女子生徒Jさんについて校内の支援会議で話題になりました。Jさんは地震で被災してその後学校が再開されてから不登校になり，1年後に母方祖母宅へ母親と共に転居してきたとのことです。
>
> 　転入してからの様子として，周囲の生徒から声をかけられても反応が乏しく，いつも暗い表情をしているとのことです。
>
> 　保健室に訪れたJさんに対応した養護教諭とのやりとりの中で，SC の存在を伝え，「行ってみる？」と尋ねたところうなずいたため，カウンセリングの予約が入りました。なお，上記の情報についてはJさんの同意を得て養護教諭から SC へ事前に伝えることになりました。

2．事例検討

(1) Jさんと面接する際に，あなたはどのようなことを尋ねたいですか？　尋ねる理由についても検討しながら優先度の高い内容から述べてください。

（2）Jさんは，初回面接に時間通りに来室しました。SC からの自己紹介に少し愛想笑いしたものの，あなたの問いかけに対してうつむいたまま，言葉を発することがほとんどありませんでした。

　さて，あなたはJさんと対面し，これまで得られた情報も含めどのようにア
セスメントを行いますか？

（3）2回目以降の面接も希望し徐々に言葉を発するようになりました。すると，
被災によって弟を失ったことや，失業をきっかけに父親がアルコール依存症に
なり母子に暴力をふるうようになったことが転居のきっかけになったこと，前
の高校でLINEいじめを受けたため不登校になったことなどが徐々に語られま
した。
　このように，トラウマの多重性や，複雑性PTSDを抱えていることが考え
られるJさんにとって，高校でのカウンセリングをどのような場にしていけば
よいか，またゴールをどのように設定していくか，検討してください。

3．解説

●記念日現象の可能性

　被災してから1年後は，いわゆる「記念日現象」としてトラウマとなる出来事を想起しやすく，心身の不調が生じやすいことも想定したい。そのため，SCにつながったとしても，養護教諭に体調面の確認をしてもらいながらSCは心理面をサポートするとして役割分担していきたい。

●言葉を発さないクライエントへの対応

　無言を貫くことで心を守っているわけであり，子どもなりに対処していることをまずは受容したい。またPTSDによって呼応性が乏しい場合，解離症状を疑う必要がある。子どもの場合，カウンセリング場面で描画を取り入れると，解離と思われる絵を描くケースもある。

●ゴールをどう設定するか？

　高校の場合，義務教育ではないため，単位を取得できなければ退学になってしまう。高校卒業を目指す力がありそうであれば，卒業に向けてカウンセリングの場を活かすといった目標を掲げてもよい。

　本事例の場合，いじめによって転学していることもあり，高校生で3度目の転学は子どもへの負担度も高いため避けたいところである。

Ⅴ　復習テスト

No.	質　問	解答欄
1	トラウマは戦争による「戦闘ストレス反応」として慢性的なイライラ感や驚愕反応などで注目された。	
2	強制収容所では，その場に居続けさせられることで回避反応が起こりやすく，「強制収容所症候群」と呼ばれるようになった。	
3	アメリカの医師ケンプによって報告された「シェルショック」は子どもの身体的暴力の問題を広く認知するきっかけになった。	
4	心的外傷後ストレス障害（PTSD）は，日常生活に支障をきたす強い不快感を示す反応が，1か月未満で解決する場合に診断される。	
5	死別した日やトラウマとなった出来事の日が近づくことで心身の不調をきたすことを「記念日現象」という。	
6	トラウマとなる出来事を遊びで追体験することは「ポスト・トラウマティック・プレイ」と呼ばれている。	
7	解離性障害の「自分を遠くから眺めているように感じる」といった症状は，解離性健忘に含まれる。	

コラム6　ワークライフバランス

　2011年3月11日，東日本大震災が発生した。著者の場合は，東京・高田馬場で調査研究の打ち合わせをして自宅に戻った直後に激しい揺れが襲った。その後，最寄りの駅のシャッターが閉ざされ，ガソリンスタンドには車が殺到した。

　震災から数日後，私の携帯電話に連絡が入った。東京都の教育委員会からであった。「被災地へ心の支援に出向いてもらえないか。少なくとも2～3週間自宅に戻れなくなると思うが，なんとか力になってほしい」。自

分の専門性が社会の危機にわずかでも役に立てられる機会ではないか。少しでも力になりたい……。

　さまざまな想いが交錯し，ふと現実に立ち返った。余震が続くなかで緊急事態に戸惑う幼い子どもを残して自宅をしばらく離れてしまう父親ってどうなのだろうか，と。

　結局，私は被災地に行かなかった。子育て期のワークライフバランスに直面する歯がゆい出来事であった。

復習テストの解答

1　○
2　×　誤「回避反応」→正「拘禁反応」
3　×　誤「シェルショック」→正「被殴打児症候群」
4　×　誤「心的外傷後ストレス障害（PTSD）」→正「急性ストレス障害（ASD）」
5　○
6　○
7　×　誤「解離性健忘」→正「離人症性障害」

第7章　児童相談所と地域資源

I　事前学習

☐　新聞記事をチェック！

> **児童虐待どう防ぐ？　多くの機関の連携不可欠**
> 　2019年6月に児童虐待防止法などが改正され，この4月に一部をのぞいて施行されました。児童相談所で一時保護などの「介入的対応」にあたる職員と「保護者支援」にあたる職員を分けることなどが盛り込まれました。必要な介入に遅れが生じないようにするのが狙いです。今後さらに，弁護士や医師の配置を進めることにもなっています。
> 　子どもを守るには，地域ぐるみの取り組みが欠かせません。多くの機関がかかわってこそ，虐待のリスクを早期に発見し支援することができます。児童相談所と警察や学校，市町村，医療機関，配偶者暴力相談支援センターなどが連携し，それぞれの役割を果たすことが必要です。
> 　　　　　　　　　　　（日本経済新聞夕刊／2020年5月18日より引用）

☐　あなたの住むところの管轄の児童相談所を調べてみよう！
　　Web検索キーワード：児童相談所　〇〇市（あなたの住む市町村名）

☐　事前学習に役立つオススメの書籍
　青山さくら・川松　亮（2020）．ジソウのお仕事 50の物語で考える子ども虐待と児童相談所　フェミックス

II　基礎編

●児童相談所とは

　児童相談所は，児童福祉法第 12 条で定められている機関である。対象年齢は，第 4 条で「児童とは，満 18 歳に満たない者」と定められている。一方，第 31 条で保護期間の延長が定められており，児童養護施設等の入所児童については，引き続き満 20 歳に達するまで入所施設に在所させる措置をとることができる。現状としては，高校卒業まで入所継続し，高校卒業とともに措置解除となることが多い。本来であれば，もう少しモラトリアム期間が必要であると考えられるが，措置解除後に就職する児童も多く，18 歳で自立を余儀なくされる状況である。

　すべての都道府県と政令指定都市（全国に 20 市）には，児童相談所が 1 か所以上設置されている。2006 年の児童福祉法改正で全国 58 中核市にも設置できるようになったが，石川県金沢市と神奈川県横須賀市，兵庫県明石市の 3 市のみにとどまっている。理由としては，県設置の児童相談所との業務の重複への懸念や運営費負担の不安などが指摘されている。

　また，近年の相次ぐ児童虐待死事件を受け，2017 年の児童福祉法の法改正によって東京 23 区で独自に児童相談所を開設できるようになった。そのためほとんどの区で設置を進めているが，すでに東京都が設置している児童相談センター（新宿区），北児童相談所（北区），品川児童相談所（品川区），杉並児童相談所（杉並区），江東児童相談所（江東区），足立児童相談所（足立区），世田谷児童相談所（世田谷区）のある 7 区に新たに区の児童相談所が設置されることになった。しかし，都と区の役割分担や専門性を有した人員の確保など，しばらく体制強化のための模索が続くことになる。

●児童相談所の機能

　児童虐待の対応で世間的に注目を浴びている児童相談所であるが，実は大きく 5 種類の相談を受け付ける機能となっている（Table 7-1）。

　児童虐待は養護相談に分類されるが，虐待問題にはその他の要因が重なっていることが多い。たとえば，未熟児で生まれ発達障害を指摘されて子どもの育児に奮闘していた親が，子どもの問題行動を押さえつけようとして暴力を振る

Table 7-1　児童相談所の5つの機能

種　別	内　容
①養護相談	養育困難，被虐待など
②保健相談	未熟児，虚弱児など
③障害相談	発達障害児，身体障害児，知的障害児など
④非行相談	家出，触法行為など
⑤育成相談	不登校など

うようになるケースや，あるいは小さい頃虐待を受けていた子どもが思春期に
なり，深夜に繁華街を徘徊し昼夜逆転の生活で日中学校に登校できなくなると
いったケースなど，①から⑤は複雑に絡み合ってくるのである。

●相談対応件数

　2018（平成30）年度に児童相談所が受け付けた相談の種類別対応件数を Figure 7-1 に示した。全体では**養護相談**が45%と半数近くを占め，次いで**障害相談**が37%，育成相談が8.6%となっている。総じて，養護相談と障害相談だけで8割を超えていることになる。

●児童相談所の職種

　児童相談所の職種は Table 7-2 の通りである。主な対応を担う**児童福祉司**に加え，**児童心理司**による心のケアのニーズが高まっているほか，医師や弁護士の配置が進んでいる。各児童相談所で直接子どもや保護者に対応する職員としては，主に児童福祉司と児童心理司があり，いずれも任用資格である。常勤職員の場合，地方公務員採用試験に合格することが必須であり，地方公務員行政職もしくは福祉職（社会福祉区分）の枠で募集している。

●児童福祉司の業務

　児童福祉司は，子どもや保護者等から子どもの福祉に関する相談，支援，指導を行うことや，親子の関係調整を図りながら社会資源の活用などをケースワークしている。児童相談所の面接だけでなく，家庭訪問などにより子どもの置かれている環境を調査することも重要である。特に虐待ケースの場合，適切な

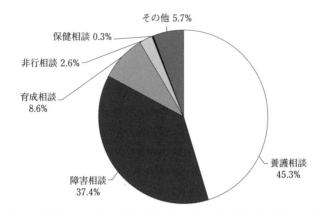

Figure 7-1　児童相談所における相談の種類別対応件数（平成30年度）

Table 7-2　児童相談所の職種と主な業務

職　　種	主な業務
児童福祉司	子ども・保護者等の相談，社会診断
児童心理司	子ども・保護者等の相談，心理診断
医師（精神科医，小児科医）	診察，医学的検査等による子どもの診断，指示
児童指導員・保育士	一時保護している子どもの生活指導，学習指導
保健師	保健相談，育児相談
看護師	一時保護している子どもの健康管理
臨床検査技師	脳波測定等の検査（病院受診することもある）
栄養士	一時保護している子どもの給食の献立の作成（調理委託する場合もある）
弁護士	法的手続きへの対応，助言

　リスクアセスメントと子どもの安全を最優先にすることなどが求められ，緊急度を見極める判断が適切でない例も散見されることから常に緊迫した状況で対応を行うことになる。

　児童福祉司の課題として，福祉専門職採用ではなく全国平均で約2割は一般行政職から採用されている。採用の構成割合は各自治体でばらつきがあり，児童福祉司のすべてが専門職採用のところは13自治体みられるが，半数以上は行政職採用の自治体もあり，十分な研修や育成に手が回らず専門性の確保が十分とはいえないところもある。また，威圧的な親の態度に屈し，結果的に親の

要求に応えてしまうようなこともあるため，親のパーソナリティのアセスメントを児童心理司に求め，弁護士に法的な助言をもらうなど，さまざまな専門家の判断を得ながら複数で対応することが重視される。

● 児童心理司の業務

　児童心理司は，児童福祉司と同じく地方公務員採用試験上級（Ⅰ種）に合格する必要がある。最新の受験要件としては，公認心理師法に規定する公認心理師の資格を有する者，大学院において心理学を専攻し修了した者などとなっている。いずれにせよ大学院への進学が求められ，学部で「福祉心理学」，大学院で「福祉分野に関する理論と支援の展開」などの科目を中心に福祉分野の理解を深めることが求められる。

　業務内容としては，子どもや親との面接，心理療法，行動観察，心理判定が中心的な業務となる。子どもの面接や心理療法では，対話が難しい子どももいるため描画や箱庭を用いることもある。親との面接では，子どもが急に一時保護されるなどで児童相談所に呼び出されて子どもを奪われたと怒りや不満を抱く親と対面する状況もあり，親の心情を汲み取りながら信頼関係を築いていかなければならない。行動観察では，個別場面や一時保護所での集団場面で子どもの奇異な行動や常同行動などにも注目していく。

　心理判定では，知能検査やパーソナリティ検査が行われる。知能検査として，田中ビネー知能検査Ⅴ（ファイブ），WISC-Ⅳ（ウィスクフォー），新版K式発達検査などを用いる。なお，たとえば幼児であれば遠城寺式乳幼児分析的発達検査を使用するなど，検査は児童相談所によって異なる。

　パーソナリティ検査としては，子どもの場合，バウムテストやHTPなどの描画法検査がとりかかりやすい。しかし，必要に応じてロールシャッハ・テストを行うこともある。上記以外の業務としては，必要に応じて児童福祉司と共に家庭訪問に同行する児童相談所もある。また，学校のスクールカウンセラーや児童福祉施設の心理職と，担当ケースについて連携を行うことも重視される。

　児童心理司は専門職採用が約95％と高い割合になっている。しかし，公認心理師の養成カリキュラムに福祉心理学の関連科目はあるものの，福祉領域の実習は義務づけられておらず，学部および大学院を通して福祉学の関連科目の

履修も必須ではないため，実践的な学びや福祉学関連科目の不十分さが目立つ。

●その他の専門職

　各児童相談所では，人材不足を補うために会計年度任用職員を随時募集している。一時保護所では学習指導を担う教職免許を有する人材を求めていることもある。児童相談所では，医師（精神科医，小児科医），児童指導員・保育士，保健師，看護師，臨床検査技師，栄養士等に加え，**弁護士**の配置が進められつつある。2018 年 4 月に施行された一部改正法では，虐待を受けている児童等の保護者に対する指導について，司法関与の強化がなされている。弁護士は，親からの職員への脅しや理不尽な要求などへの対策として近年活用が期待され，2018 年 4 月現在では非常勤で約 4 割の児童相談所に弁護士が配置されている。しかし，弁護士事務所との契約は全体の約半数となっているものの，常勤職員になるとわずか 9 人にとどまっている。

●子ども家庭支援センターの役割

　都道府県や政令指定都市，中核市が設置した児童相談所では対応しきれないケースが多いため，市区町村の子ども家庭支援センターが児童相談所と連携しながら子育て支援を行っている。子どもの遊びの場を提供し，親を対象とした育児講座を定期的に行いながら，相談しやすい雰囲気づくりを大切にしているところが多い。家庭での養育が困難な場合に一時的に預かる**ショートステイ事業**や，保育施設や学校への送迎などを担ってくれる地域の人材を紹介する**ファミリー・サポート事業**（子育て援助活動支援事業）を提供している。

●子育て世代包括支援センター

　妊娠期から子育て期による切れ目のない支援を目的として，子育て世代包括支援センターの名称で事業を展開されつつある。母子保健を中心としたタイプでは，助産師や保健師が妊娠，出産，授乳，子育ての相談に応じている。

●学校との連携

　子どもが通学している学校の管理職や学級担任，スクールカウンセラー，ス

クールソーシャルワーカーと連携をとりながら，子どもの学校での様子を把握していくことになる。特に，一時保護の後に自宅へ戻された子どもは，再虐待のリスクなども視野に入れながら，学校で不穏な状況がないか，経過観察していかなければならない。なお幼児の場合，保育所や幼稚園など集団の場における虐待の早期発見とモニタリングも重要である。

引用文献

厚生労働省（2013）．子ども虐待対応の手引き（平成 25 年 8 月改正版）Retrieved from https://www.mhlw.go.jp/seisakunitsuite/bunya/kodomo/kodomo_kosodate/dv/130823-01.html（2020 年 6 月 3 日）

厚生労働省（2020）．平成 30 年度福祉行政報告例の概況　Retrieved from https://www.mhlw.go.jp/toukei/saikin/hw/gyousei/18/dl/gaikyo.pdf（2020 年 6 月 3 日）

III　実践編①　児童相談所の役割分担

1．事例の概要

　　児童相談所で一時保護されている幼児 K くん（男児）は，対人距離が近く，過剰な親しみや多動がみられますが，診断を受けていません。また，ときどき「あたまがいたい」と訴えます。年齢のわりに理解力が乏しく，単純な言葉のやりとりができないこともあります。母親は児童相談所に「うちの子を返さないと訴える」と迫ってきます。ひとり親のはずですが，電話で男性の怒鳴る声が聴こえます。

2．事例検討

　　このケースでは，子どもの状態像を明らかにし，援助方針を決定するために児童相談所内のどの職種が，どういう調査や役割分担をして，どのようにアセスメントしていけばよいでしょうか？　下記の枠に書き入れてみましょう。

職　　種	内　　容

3．解説

以下に回答例を示す。

（回答例）

職　種	内　容
医師	過剰な親しみや多動，頭の痛みに関する医学的診断。
臨床検査技師	医師の指示の下，脳波検査の実施。
児童心理司	心理検査の実施。
弁護士	親の訴えへの対応。
児童福祉司	家庭環境などの社会調査。

●医学的診断

　対人距離の近さとして過剰な親しみはアタッチメント障害が疑われる。また，頭の痛みや多動傾向からは，身体的虐待の可能性が高まる。児童相談所への臨床検査技師の配属はまだ進んでいないが，必要に応じて近隣の病院と連携し，脳へのダメージについて脳波検査などを通して診断することもある。

●子どもの知能検査

　理解力の乏しさや単純な言葉のやりとりのできなさは，体験の積み重ねができていないことから生じることもあるが，いずれにしても知的発達の全体的な能力やアンバランスさをはっきりさせ，支援に役立てる必要がある。

●家庭環境の見立て

　母親が「うちの子を返さないと訴える」と迫っているため，担当する児童福祉司が弁護士の助言を得ながら丁寧に説明することが望まれる。もしかしたら男性の指示で訴えている可能性もあり，家庭に戻してからの再虐待のリスクをアセスメントするためにも家庭環境の把握をしなければならない。

IV　実践編②　「子どもを叩いてしまう」と訴えた一本の電話

1．事例の概要

　小学 1 年生の男児をもつ母親 L さんから，児童相談所へ電話がありました。

　「うちの子，言うこと全然きかなくて困っています。小学校の先生から発達の遅れがあるかもしれないって言われて，私どうしたらいいかわからなくて……」と言い，押し黙りました。しばらくすると「子どもが暴れると叩いてしまって，私も気分の浮き沈みが激しくて，不眠だし。主人がいるときは平気だったんですけど，単身赴任中でもう限界です」と取り乱した様子でした。

2．事例検討

(1)　取り乱している L さんに，まず電話で優先的に確認すべきことを挙げてみましょう。

(2)　一時保護を行うほどの緊急性はなかったものの，L さんからの希望もあり子どもが学校へ通学している時間帯に児童相談所で児童福祉司が面談することになりましたが，L さんの心理面のアセスメントのため児童心理司も同席しました。L さんからは，子どもが多動で危険なため学校の登下校に付き添わなければならないことや，もともと感情の起伏が激しく夫の支えで何とか育児をし

てきたものの，夫の不在で苦しくなってきたことが語られました。不眠で寝坊し子どもを学校へ登校させない日もあるとのことです。なお，母子共に上記のことで医療機関への受診歴はありません。

　①Ｌさんに精神科もしくは心療内科への受診を勧めるとしたら，何を目的にどのように勧めるとよさそうでしょうか？

　②学校との連携や地域資源の活用を含めた支援策を挙げていきましょう。

3．解説

●緊急性の確認

　子ども虐待のリスクを高めるような状況であるかといった緊急性のアセスメントは，児童相談所に限らず子どもの支援の現場に欠かせない視点となる。暴力の程度や頻度，子どもの外傷を具体的に確認する必要がある。なお，児童相談所では，通告受理後48時間以内に安全確認を行うことが求められている。

●医療機関への勧め方

　この事例では，感情の浮き沈みの激しさから双極性障害の可能性もあり，睡眠障害の疑いもあるため，精神科もしくは心療内科への受診を丁寧に勧めていけるとよい。特に寝坊して子どもを登校させないといった子どもへの不利が生じているため，母親が医学的なサポートを受けることで安定した育児になるように方向づける必要もある。

●学校との連携，地域資源の活用

　児童相談所は，親が語る学校での様子と現場の実態にずれがないか，学校側の捉え方を確認する必要がある。また，登下校での行動上の問題や子どもが学校へ登校しないときの対応，子どもの知的発達面の懸念なども聴き取り，地域で支えていけるケースかどうかの見極めを行うことになる。また，学校のスクールカウンセラーが定期的に子どもの行動観察や親とのカウンセリングで支えていくことも選択肢の一つとなる。

　子ども家庭支援センターによる定期的な訪問や育児疲れの際に利用できるショートステイ事業，学校への登下校時に送迎を担ってくれる地域の人材を活用するファミリー・サポート事業などを取り入れていけるか，地域資源の活用を模索することになる。

　このような事例の場合，親が子育てを一人で抱え込んでしまい，孤立した子育て（孤育て）にならないようにケースカンファレンスを行い，さまざまな社会資源を活用することが重要である。

V　復習テスト

No.	質　問	解答欄
1	児童相談所の対象年齢は，「満18歳に満たない者」と定められているが，児童福祉法で保護期間の延長が定められているため18歳の高校生は含まれる。	
2	2017年から東京23区では独自に児童相談所を開設できるようになった。	
3	児童相談所は，児童虐待の相談がメインで不登校の相談は受け付けない。	
4	児童相談所全体の相談件数では，養護相談に次いで非行相談が多くなっている。	
5	児童相談所の児童心理司は，国家資格「公認心理師」資格取得者であることが採用試験の受験要件となっている。	
6	児童心理司が行う業務として，心理判定や相談がメインになるため，児童福祉司と共に家庭訪問に同行するようなことはない。	
7	子ども家庭支援センターでは，保育施設や学校への送迎を担うショートステイ事業を展開している。	

コラム7　医療機関との連携

　地域の相談機関で働いていると，クライエントに精神疾患の疑いがあり，「医療機関への受診を迷っているがどこに受診すればよいかわからないのでカウンセラーからよいところを紹介してほしい」と頼まれることがある。そこで，非常勤カウンセラーとして週1回しか勤務しない現場であっても，その地域の医療機関を自分の目で見て確かめたいと思い，相談枠に空きが出たのを見計らって最寄りの精神科，心療内科クリニックにアポイントをとり，挨拶に出向くことにした。

　たいてい待たされるのであるが，待合室での患者さんの様子や看護師，受付の事務（クラーク）の対応からクリニックの雰囲気が伝わってくるのである。多くの医師は関心をもって丁寧に話を聴いてくれたが，あるクリニックでは，アポイントをとって訪れたにもかかわらず，「そのような趣旨での訪問はお断りします」と受付で名刺さえも受け取ってもらえず，意気消沈していた。

　そのエピソードを親しい精神科医に話すと，「混んでいるところじゃないの？」と言われた。確かに待合室は一杯で，クリニックの雰囲気もネットでの評判もよいところだった。先方からすると，よくわからない相手と面倒なことを話す時間があるんだったら一人でも多くの患者さんに対応したい，ということだったのかもしれない。だが，こちらもクライエントへの情報提供のために足を運んでいるのである。医療との連携の下地づくりの難しさを痛感した出来事であった。

復習テストの解答

1　○

2　○

3　×　誤「児童虐待の相談がメイン」→正「5つの相談形態からなる」（備考：不登校の相談は市区町村の教育相談機関で受け付けることが多い）

4　×　誤「非行相談」→正「障害相談」

5　×　誤「受験要件となっている」→正「受験資格に含まれ，また大学院で心理学を専攻し修了した者も対象となる」

6　×　家庭訪問に同行することもある。

7　×　誤「ショートステイ事業」→正「ファミリー・サポート事業」

第8章　虐待の相談・通告と対応の流れ

I　事前学習

☐　新聞記事をチェック！

> **消えない傷：面前DVに遭って**
>
> 　ドメスティックバイオレンス（DV）家庭で育つ子どもをテーマに取材を続ける記者宛てに，1通の手紙が届いた。「5歳の娘がいますが昨年から精神的に不安定になりました。症状は摂食障害，登園拒否，吐き気の訴えです。」
>
> 　夫は女性が妊娠した頃から「バカ」「役立たず」などの暴言を大声で吐き続け，娘が生まれてからも続いた。娘の食べ物の好き嫌いに対しても厳しく言うようになり，次第に娘は夫を恐れ，食べることを嫌がり食が細くなっていったという。
>
> 　児童相談所（児相）も面前DVを受けた子どもの心のケアについて，悩みを抱えている。東京都内の児相は，警察などから通告を受けたら緊急受理会議を開いて対応を検討する。家庭訪問や電話で保護者と連絡を取って事情を聴く。保護者と連絡が取れず，子どもの安全確認ができない場合は，家庭に立ち入り調査を行うこともある。「ただの夫婦げんかなんだから子どもに影響はない」として，児相の関与を嫌がるケースが多い。
>
> （毎日新聞朝刊／2017年9月29日より引用）

☐　最新の児童虐待の件数を調べてみよう！

　Web検索キーワード：児童虐待　厚生労働省　相談対応件数

☐　事前学習に役立つオススメの書籍

　大久保真紀（2018）．ルポ児童相談所　朝日新聞出版

II　基礎編

●児童相談所全国共通ダイヤル189

　児童虐待の通告や相談を24時間受け付ける児童相談所の全国共通ダイヤルは，10桁だったダイヤルが2015年に3桁になり，**189**（いちはやく）と設定された。2019年からは通話料が無料になった。固定電話だけでなく携帯電話からも受け付け，電話対応する協力員も増員している。

　電話をかけると「こちらは，児童相談所全国共通ダイヤルです。この通話は無料です。連絡は匿名でも可能で，内容に関する秘密は守られます」という自動音声が流れる。発信した番号から住居地域が特定される場合は，そのまま管轄の児童相談所に転送される。住居地域が特定されない場合，固定電話ではガイダンスに従って地域情報を入力してもらい，管轄の児童相談所を特定する。携帯電話からはオペレーターが聞き取り，管轄の児童相談所に転送することになる。なお，このダイヤルは児童虐待の内容に限らず，出産や子育ての相談にも応じている（Figure 8-1 参照）。

●児童相談所に電話がつながる割合

　2015年のダイヤル189の運用開始時は，入電数が30,000件を超え，その後は毎月25,000件前後に落ち着いていたが，児童相談所につながったのは2,500件前後（接続率11%前後）であった。原因としては，児童相談所につながるまで平均約70秒かかってしまい途中で電話を切る者がいたのである。しかし，2016年に入り，音声ガイダンスを約30秒に短縮したことで接続されやすくなり，2019年の接続率では20%前半まで改善している。

●虐待相談・通告の経路

　平成30年度の厚生労働省データ（Figure 8-2）によると，児童虐待の相談・対応件数は159,850件であり，警察等からの通告が半数（50%）を占め，近隣知人（13%），その他（11%），家族（7%），学校（7%）の割合になっている。虐待種別では心理的虐待が55%となっており，面前DVによる通告の多さが特徴である。

　警察庁が面前DV件数を示すようになった2012年からのデータによると，

Figure 8-1　児童相談所全国共通ダイヤル「189」リーフレット（厚生労働省ホームページより）

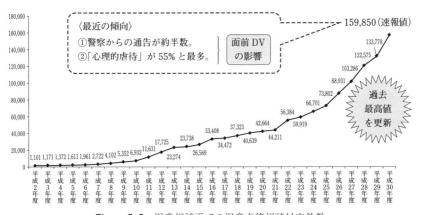

Figure 8-2　児童相談所での児童虐待相談対応件数

2019 年の通告人数全体では 98,222 件と過去最多であり，2012 年からの 7 年間で約 6 倍増加している（警察庁，2020）。特に，心理的虐待が 70,721 件と最も多く，また面前 DV による通告は 42,569 件であった（Figure 8-3）。面前 DV は，子どもの前で家族に暴力をふるう行為のことであり，2004 年の児童福祉法の改正で心理的虐待にあたるとされた。

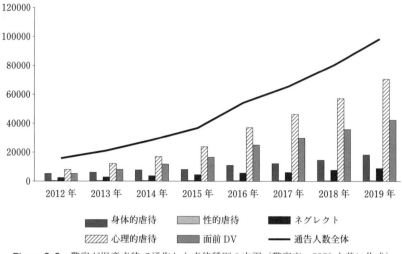

Figure 8-3　警察が児童虐待で通告した虐待種別の内訳（警察庁，2020 を基に作成）

●相談の形態

　児童相談所による相談受付の形態は，来所，電話，文書の 3 つに分けられる。来所は直接来所もあれば，警察や関係者が子どもを連れて送致することもある。電話には，相談，通告，照会がある。文書は通告書や送致書，意見書などとなる。

　受理会議は，児童相談所で受け付けたケースを協議し，安全確認の時期や方法，一時保護を行うかどうかを検討する。原則週 1 回定例会議を開催し，虐待通告の都度，必要に応じて緊急に会議を開催する。

　一時保護は，アセスメントシートを活用しながら保護の可否を検討していく（Table 8-1）。原則として，一時保護期間は 2 か月となっているが，2 か月を超過して一時保護がなされることもある。たいてい児童相談所に併設されている一時保護所への保護となるが，一時保護所が満員であれば，一時保護委託の扱いで児童福祉施設や里親へ預けられることもある。緊急一時保護になると，子どもの視点に立てば突然見知らぬ大人によって家族から引き離され連れて行かれることになる。学校の下校前のタイミングを見計らって，ランドセル姿のまま児童相談所に連れて行かれることもある。もちろん保護について丁寧な説明

Table 8-1 一時保護決定に向けてのアセスメントシート（厚生労働省，2013 を基に作成）

当事者が保護を求めているか？	☐ はい	☐ いいえ
当事者の訴える状況が差し迫っているか？	☐ はい	☐ いいえ
すでに虐待により重大な結果が生じているか？	☐ はい	☐ いいえ
次に何かが起これば，重大な結果が生ずる可能性が高い？	☐ はい	☐ いいえ
虐待が繰り返される可能性が高い？	☐ はい	☐ いいえ
虐待の影響と思われる症状が子どもに表れているか？	☐ はい	☐ いいえ
保護者に虐待につながるリスク要因がある？	☐ はい	☐ いいえ
虐待の発生につながる可能性のある家庭環境等	☐ はい	☐ いいえ

Table 8-2 児童相談所による 4 つの診断

診断種別	担当者	概　要
①社会診断	児童福祉司	子どもや家庭の状況把握
②心理診断	児童心理司	知能・発達検査
③医学診断	医師	子どもや親の病理性
④行動診断	児童指導員・保育士	生活態度，対人関係

を受けるわけだが，状況の理解が追いつかないまま一時保護所でしばらく他児との集団生活を強いられる。

　調査は，児童福祉司が中心となって面談などで情報収集を行い，子どもの居住環境や学校での状況，家庭環境や家族の状況，生育歴，保護者の現況，過去の相談歴などが調査対象となる。緊急保護の必要性を判断するためには，子どもの心身の状況を観察する必要があるため，直接目視することが原則となる。

　診断には**社会診断**，**心理診断**，**医学診断**，**行動診断**，その他の診断がある（Table 8-2）。社会診断は児童福祉司によって子どもの置かれている環境や社会資源の活用可能性などからアセスメントを行う。心理診断は，児童心理司によって面接，観察，心理検査などを行い，必要に応じて家庭訪問や医師などの専門家からの助言を得ながらアセスメントが進められる。医学診断は，医師（精神科医，小児科医）が問診，診察，検査等を行い，医学的な見地から診断を行う。行動診断は，一時保護所の児童指導員，保育士によって，基本的な生活習

子ども氏名	＊＊＊＊	性別　　男	○年○月○日（11歳）
保護者氏名	＊＊＊＊	続柄　　実父	作成年月日：×年×月×日
主訴	被虐待によるトラウマ，行動上の問題		
援助の選択	実母による虐待が続き，行動上の問題が見られた。家族内にキーパーソンが存在せず，在宅のまま支援することはリスクが高いこと，分離したほうが効果が期待できるため施設による支援を選択した。		
本人の意向	母親との生活は嫌だ。家族全員で楽しく暮らしたい。		
保護者の意向	単身赴任中は施設での生活をお願いしたい。		
学校等の意見	集団生活では目立たず存在感があまりない。		
援助方針	本児の行動上の問題の改善およびトラウマからの回復を図る。虐待の発生に至った母親の心理状態の理解を促進する。父親の育児参加を促しながら，母親の養育ストレスの軽減を目指し援助する。		

Figure 8-4　児童相談所援助指針票（記入例）（厚生労働省　子ども・子育て支援　関連ホームページより作成）

慣や日常生活に関する観察から判定会議の資料とする。

　上記の診断から得られた内容に基づき関係者で協議・総合診断を行い，所見や援助指針案を作成し判定会議にかける（Figure 8-4 は「援助指針票」の記入例）。その後，援助方針会議に各担当者が参加し，方針が決定される。方針としては，大きく**①在宅指導**，**②児童福祉施設措置**，**③里親委託**の3種類となる。

● **指導と措置，委託**

　在宅指導とは，家庭訪問や児童相談所への来所相談などを通して子どもの経過観察を行いながら助言や指導を行うことをいう。また，児童福祉施設措置は，乳児院，児童養護施設，母子生活支援施設，児童自立支援施設，児童心理治療施設，自立援助ホームなどの各施設へ入所させること（措置）をいう。詳しくは第9章を参照されたい。里親は大きく4種類あり，里親とのマッチングを経て委託となる（詳細は第10章を参照のこと）。

　児童相談所における虐待対応の流れを Figure 8-5 に示した。ここからわかるように子どもは一時保護で一時的に親子分離され，児童福祉施設への措置や里親委託によって完全に親子分離となる。子どもにとっては予期しない突然の分離になることが多いため，家族だけでなく慣れ親しんだ住環境や学校生活，

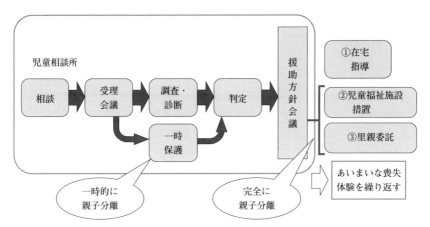

Figure 8-5　児童相談所における虐待対応の流れ

友人関係などを一度に失うことになり，喪失体験となりうる。特に，自宅が存在しているのに戻れないなどの「あいまいな喪失」を繰り返すことになるが，子どもの喪失体験に対するケアが不十分なまま保護や措置が進んでしまう実態がある。このため，家庭引き取りになるかどうかは別にしても，入所後の親子関係再構築支援が重要である。

引用文献

警察庁（2020）．令和元年における少年非行，児童虐待及び子供の性被害の状況　警察庁生活安全局少年課
厚生労働省（2013）．子ども虐待対応の手引き（平成25年8月改正版）　Retrieved from https://www.mhlw.go.jp/seisakunitsuite/bunya/kodomo/kodomo_kosodate/dv/dl/130823-01c.pdf（2020年10月1日）
厚生労働省（2019）．平成30年度　児童相談所での児童虐待相談対応件数（速報値）Retrieved from https://www.mhlw.go.jp/content/11901000/000533886.pdf（2020年6月29日）

III　実践編①　通告のタイミング

1．事例の概要

　　あるアパートの一室に母子家庭と思われる親子が住んでいました。子ども
は小学校高学年の長女と低学年の長男，5歳くらいの次女の3人でした。
母親は夜になると，子どもを自宅に置いて一人で出かける姿を近隣住人に
よって目撃されていました。ある日，深夜23時に長男と次女がアパート
の敷地の砂利で遊んでいるのを近隣住人が発見しました。翌日になって住
人は小学校へ電話し，アパート名と子どもの特徴を伝えました。

　　小学校ではすぐに該当する子どもを把握し，学級担任から母親に電話し
確認したところ，「朝食のパンがなくてコンビニへ買いに出かけたら子ど
もが外に出てしまったようです。心配をかけて申し訳ありません」と答え
ました。学級担任は校長に「母親は反省しているようだ」と伝え，児童相
談所へ通告をしませんでした。

　　その一週間後，深夜0時頃にアパートの階段付近で子どもの泣き声が聴
こえ，近隣住人が駆けつけると，次女が階段から転落し頭から少し出血し
ていました。長女と長男に母親の居場所を尋ねると，戸惑いながら「わか
らない」と答えていました。次女は救急搬送され手当てを受け，病院から
の通告によって児童相談所へ緊急一時保護となりました。

2．事例検討

　　上記事例では，いくつか不適切な対応が見受けられます。該当箇所に下線を
引き，どのような対応が望ましかったか，検討してみましょう。

3．解説

●事例の不適切な箇所

　翌日になって住人は小学校へ電話し，アパート名と子どもの特徴を伝えました。

> →翌日ではなく発見した時点で"189"ダイヤルに通告するか，警察へ通報すべきである。

　学級担任は校長に「母親は反省しているようだ」と伝え，児童相談所へ通告をしませんでした。

> →ネグレクトの疑いということで児童相談所へ通告すべきである。学校現場では，保護者とのその後の関係悪化を避けたいという心理が働き，児童相談所への通告を躊躇してしまうこともある。

●認知が不十分な虐待通告ダイヤルと虐待への理解

　"189"にダイヤルが3桁化されても，世間に浸透しきれていない実情がある。また，どのような状況が通告の対象になるのか，一般の人にはわかりにくい。深夜に子どもだけで外に居ることはネグレクトであるが，ネグレクトの内容を知らなければ通告しようとしないであろう。

　"189"への連絡は，匿名でも可能で秘密も守られる。虐待は誰の周りでも起こりうることであり，1本の電話で子どもが救われる。虐待問題は社会全体で解決する姿勢を持つことが大切である。

●緊急性が乏しいネグレクト

　ネグレクトは身体的虐待や激しい暴言といった心理的虐待に比べて死のリスクが低く，切迫感がないことから虐待としての通告をためらいやすい。そのため，通告のタイミングを逃してしまうこともあり，対応されないまま年月が過ぎることもある。ネグレクトの期間が長くなればなるほど，子どもに影響を及ぼすのである。

IV　実践編②　警察が介入して一時保護された事例

1．事例の概要

　小学5年生の女子Mさんは，母親，母親と付き合っている男性と3人で暮らしていました。2人が結婚することになったことから「お父さん」と呼ぶように言われていました。ところが，その男性は機嫌が悪くなるとMさんの前で母親に暴力をふるうことが増えてきて，Mさんは苦しくなりました。ある日，母親が激しい暴力をふるわれて，「警察呼ぶわよ」と叫ぶと「なんだコラ，呼んでみろ」と怒声が飛び交い，男性は包丁を持ち出しました。携帯電話で110番通報すると警察官が駆けつけてきました。それでも男性は警察官とMさんの前で包丁を振り回しながら暴言を繰り返し，母親は泣き崩れました。その後，警察官はどこかに電話し「子どもがいる」などと話していました。母親と男性が落ち着きを取り戻し，しばらくすると警察官でない私服の男女の大人が訪れて母親と何か会話を交わしていましたが，私服の女性が「Mさんを保護します。大丈夫だから安心して」と言い，車に乗せられ知らない建物の中に連れていかれました。車内では訳がわからず泣くしかありませんでした。

2．事例検討

(1)　上記の一連の場面ごとに，Mさんの心境としてどのようなことが考えられるかを挙げていきましょう。

（2）Mさんは児童相談所の一時保護所というところに連れていかれたようで
す。「あなたを守るため2週間くらいここにいることになる」と告げられまし
た。個室で服をすべて脱がされ，あざがないか確認するとのことでした。大部
屋には子どもがたくさんいて悪さをする男子に対して職員が怒鳴っていました。
トイレに行くときと戻ってきたときには必ず報告しなければなりません。外に
も出られません。学校にも行けません。友だちにも会えません。

　さて，急激な生活の変化に戸惑うMさんと児童心理司のあなたは児童福祉
司の面接に同席することになりました。そこで，どういったことに留意し，ど
のようなテーマを扱った面接が望ましいでしょうか。書き出してみましょう。

3．解説

●子どもの一時保護

　面前 DV によって警察官が児童相談所へ通告した事例である。深刻な面前 DV の場合，その場で一時保護となるケースもある。しかし，丁寧な説明をしたうえで保護しても，子どもからすると冷静でいられない状況で見知らぬ大人が当然訪問し，何かを告げられて親から引き離されるため，子どもを守る行為であっても一時保護の出来事そのものがトラウマとなってしまう場合もある。

●一時保護所での体験

　「一時保護されて手厚くケアが受けられると思っていたら厳しい環境だった……」。一時保護所から戻ってきた子どもの感想である。一時保護所のなかには定員が常に満員のところもあり，職員体制も手薄なことが多い。非行傾向の子どもも一時保護されるなかで，子どもの問題行動を起こさせないために指導的，管理的にならざるを得ない事情がある。

●子どもの心に寄り添った面接とは

　面前 DV の体験をどうとらえ，突然一時保護されたことに対してどのように感じているのか，一時保護が解除された後の見通しとして家庭に戻りたいのか，それとも戻りたくないのか，親や同居人の男性に対する感情を扱いながら本人の意向を確認する必要がある。

Ⅴ　復習テスト

No.	質　問	解答欄
1	児童相談所全国共通ダイヤル "189" は，携帯電話からはかけられない。	
2	"189" は児童虐待専用ダイヤルであり，子育ての相談は別ダイヤルとなっている。	
3	児童相談所が受け付けた児童虐待相談対応件数は過去最多を更新している。	
4	児童相談所では，①受理会議，②調査・診断，③援助方針会議，④判定の順に対応が進められる。	
5	援助方針会議の後の方針としては，主に①在宅指導，②児童養護施設措置，③里親委託の３種類となる。	
6	在宅指導とは，家庭訪問や児童相談所への来所相談などで助言，指導を行うことである。	
7	施設措置や里親委託によって，自宅が存在するのに戻れないなどの「あいまいな喪失」に対するケアが求められる。	

コラム8　ダブルカウンセリングをめぐって

　さまざまな支援機関が同じクライエントにかかわることになると，複数のカウンセラーが同じテーマに対して異なることを伝えることでクライエントを混乱に陥らせてしまう「ダブルカウンセリング」の問題が起きる。たとえば，児童養護施設の心理職と継続的に面接していた被虐待児が，児童相談所の児童心理司との面接を繰り返すようなことも起きる。児童養護施設では，必ずしも入所した子どもが心理療法を受けるわけではないため，児童相談所の児童心理司がかかわった後に施設でセラピーをしていることを知ることもあり，施設の心理職も児童相談所で心理面接を行っているこ

とを後日把握することがある。

　そのような場合，こちらから児童相談所の児童心理師に電話することもあれば，児童相談所のほうから連絡をもらうこともある。同業者であっても顔を合わせたことのない相手であり，電話だと心もとない。しかし，児童相談所では親子関係のテーマを中心に扱い，施設ではプレイセラピーとして遊びをメインに行いましょうといった確認をとり，定期的に電話で連携をとるまでになると，クライエントを支える層に厚みが出てくるような感覚になり，支援の一体感が生まれてくる。

　「ダブルカウンセリング」は，スクールカウンセラーと医療機関のカウンセラーとの間でも起きる。連携を取ろうとしないと互いにネガティブな感情を強め，結果的にクライエントの不利益になってしまうこともあるのだ。

復習テストの解答

1 ×　誤「携帯電話からはかけられない」→正「携帯電話からもかけられる」

2 ×　子育ての相談も可能である

3 ○

4 ×　正しくは，③と④が逆

5 ×　誤「児童養護施設措置」→正「児童福祉施設措置」

6 ○

7 ○

第9章　児童福祉施設の種類

I　事前学習

☐　新聞記事をチェック！

> **虐待ケア　職員大幅増**
>
> 　国や自治体が人員削減を進める中で厚生労働省が児童養護施設の大幅人員増に踏み切った背景には，新たに施設に入る子どもの半数以上が虐待を経験しているという深刻な状況がある。被虐待児は情緒不安定になったり他の児童に暴力を振るうなど対応が難しいことが多く，施設から人員充実を求める声が上がっていた。
>
> 　このほか，各児童養護施設が周辺の民家などを借りて定員6人程度の小規模なグループホームを運営できるよう，各1人の職員も配置する。（中略）虐待で他人を信頼できず，コミュニケーションがうまくとれない「愛着障害」を持つ子どもも多い。甘えていたのを職員が抱き上げるとかみつくなどの行動がしばしば見られ，専門的知識を持たないと対応に戸惑う。
>
> （日本経済新聞朝刊／2004年1月22日より引用）

☐　自分の住む近隣にある児童養護施設を調べてみよう！

　Web検索キーワード： ○○（自分の住む地域の名称）　児童養護施設

☐　事前学習に役立つオススメの書籍

　大久保真紀（2011）．児童養護施設の子どもたち　高文研

II 基礎編

●社会的養護と児童福祉施設

　保護者に育てられなくなった子どもや虐待などで不適切な養育環境に置かれている子どもを保護し，公的責任で社会的に養育することを**「社会的養護」**という。社会的養護は，**施設養護**と**家庭養護**に大別される（Figure 9-1）。施設養護は複数の児童福祉施設で成り立ち，乳児院，児童養護施設，児童自立支援施設，児童心理治療施設，母子生活支援施設，自立援助ホームからなる。家庭養護は，里親とファミリーホームである。

●児童福祉施設での「家庭的養護」

　乳児院，児童養護施設，児童自立支援施設，児童心理治療施設では，施設の一部でより家庭的な雰囲気で養育を行うため，6人を原則として行う小規模グループケアが試みられている。このような取り組みを**「家庭的養護」**という。なお，里親やファミリーホームを「家庭養護」と呼ぶことから，混同しないようにしたい。

　「家庭的養護」への転換は，施設の小規模化や里親制度の推進などでできるだけ家庭に近い環境での養育を求める傾向がより強まっているが，環境を変えたからといって子どもの質が急激に改善するとは言い難い（菅野，2018）。養護環境の選択肢がいくつかあることで子どもの特性に応じたケアができればよいが，施設のケアワーカーや里親の人員不足を補うことやスキルの向上も視野に入れなければならない。

●児童福祉施設の概要

　児童福祉施設は，児童福祉法の第7条で定められた施設である。ここでは，特に児童虐待に関連のある児童福祉施設を扱う。厚生労働省（2020）のデータを元に児童福祉施設の入所状況を Table 9-1 に示した。また，児童福祉施設の子どもたちの主な診断を Table 9-2 にまとめ，各施設について説明を述べていく。

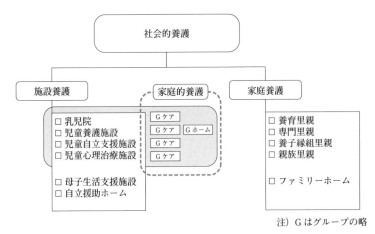

Figure 9-1　施設養護，家庭養護，家庭的養護の関係

Table 9-1 児童福祉施設の入所状況

	入所時年齢	平均在所年齢	平均在所期間	入所理由上位3位 ①	②	③
乳児院	0.3歳	1.4歳	1.4年	母精神疾	その他	母ネグレクト
児童養護施設	6.4歳	11.5歳	5.2年	母ネグレクト	母精神疾	母虐待
児童自立支援施設	17.7歳	14.0歳	1.1年	児童問題	母虐待	父虐待
児童心理治療施設	10.7歳	12.9歳	2.2年	児童問題	母虐待	父虐待
ファミリーホーム	8.2歳	11.6歳	3.6年	母精神疾	養育拒否	母ネグレクト
自立援助ホーム	17.7歳	17.7歳	1.1年	児童問題	父虐待	養育拒否
母子生活支援施設	—	7.3歳	—	—	—	—

注）母精神疾：母精神疾患，児童問題：児童の問題による監護困難

Table 9-2　児童福祉施設の子どもたちの主な診断

	知的障害	RAD	ADHD	ASD
乳児院	**4.7%**	1.3%	0.4%	2.0%
児童養護施設	**13.6%**	5.7%	8.5%	8.8%
児童自立支援施設	12.4%	11.5%	**30.0%**	24.7%
児童心理治療施設	12.6%	29.2%	**37.0%**	**47.5%**
ファミリーホーム	**15.8%**	9.0%	12.0%	13.0%
自立援助ホーム	11.7%	10.1%	**13.1%**	**13.6%**
母子生活支援施設	4.0%	1.0%	2.7%	4.0%

注）RAD：反応性愛着障害，ADHD：注意欠如多動性障害，ASD：自閉ス
　　ペクトラム症　　太字は特に目立つ数値。

●乳児院

　乳児院は，出生してすぐに，実親の何らかの事情で育てられなくなった乳児が入所する施設である。主に**1歳未満**の乳児が対象であり，母親の精神疾患が最も多い入所理由となっている。主に保育士がケアにあたり，配置基準にあわせて看護師や心理療法担当職員が配置される。心理面のケアとしては，心理検査や行動観察を用いたアセスメント，プレイセラピー，保護者面接などである。乳児は特に早い段階で里親に委託されることも多く，幼児であれば退所していく他児を見て「自分の番はいつだろうか？」と不安を募らせることもある。委託先の里親が決まりかけていたとしても最終的にマッチングが不調になることもあり，家庭にも戻れない幼児は，2歳前後に児童養護施設へ措置変更される。

●児童養護施設

　児童養護施設は，保護者のいない児童や虐待されている児童などの生活のケアと自立のための援助を行う施設であり，**2歳から18歳未満**が対象となり，高校卒業まで居続けられる。入所理由では，母親によるネグレクトと母親の精神疾患が目立つ。生活面のケアは，児童指導員，保育士によってなされる。心理療法担当職員が心のケアを担い，プレイセラピーを中心とした心理療法や，SST（社会性スキルトレーニング），学習支援，心理教育プログラムなど，さまざまな形で取り組んでいる。施設によっては生活場面面接と称して心理職が生活空間で複数の子どもと接しながらアセスメントを行うこともある。服薬のような医療的なケアが必要な子どもも増えているため，看護師や嘱託医が専門的なケアを行う。すべての子どもは地域にある学校へ通学，通園するが，学校不適応や不登校などで対応に苦慮するケースも多い。

　施設の形態として，大舎制（20人以上），中舎制（20人以下），小舎制（12人以下），小規模グループケア（8人以下），**グループホーム**（地域小規模児童養護施設。6人以下）があり，小規模化が推進されている。小規模グループケアは，施設の敷地内で行う本園型と敷地外で行う分園型に分かれる。なお，居住空間の一例をFigure 9-2に示す。グループホームは，地域の住宅地にある一軒家にて家庭的な環境で養育を行う。

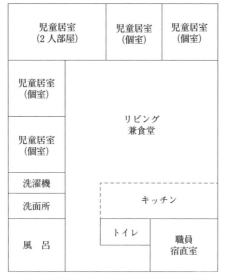

| 児童居室
(2人部屋) | 児童居室
(個室) | 児童居室
(個室) |

Figure 9-2　小規模グループケアの例（厚生労働省，2015）

● 児童自立支援施設

　児童自立支援施設は，非行少年などの不良行為の恐れのある児童に対して自立を支援する施設である。入所経路として，児童相談所の「児童福祉施設入所措置」によって入所する場合と，家庭裁判所の少年審判における「**保護処分**」によって児童相談所を経由して入所する場合に大別され，保護処分による措置の割合は約3割となっている（厚生労働省，2014）。入所理由を見てわかるように，児童の問題によって入所することが多いため，他の児童福祉施設に比べて家庭復帰の見通しがつきやすいとされる。また，少年院と異なり部屋が施錠されることはない。児童養護施設と違うのは，施設内に公立の小学校や中学校があることである。なお，高校生は施設の敷地を出て通学を行う。心のケアとしては，施設の心理療法担当職員とは別に学校にはスクールカウンセラーを配置しているのが特徴である。児童養護施設で暴力などの逸脱行為を繰り返し改善がみられない場合に，児童自立支援施設へ措置変更されることもある。

●児童心理治療施設

　児童心理治療施設はかつて情緒障害児短期治療施設と呼ばれ，2017年に名称変更された施設である。比較的，重篤な虐待などで入所してくることが多い。**アタッチメント障害**を抱える子どもは約3割で，他施設と比べて高い割合となっている。児童指導員と保育士が生活面のケアを行うのは他施設と同じであるが，医師（精神科医，小児科医）が常駐し医学的な判断を得られることを特徴とする。心理療法担当職員はおおむね児童10人につき1人以上となっている。

●ファミリーホーム

　ファミリーホームは，里親や児童養護施設の職員などの子育て経験の豊かな養育者が，子どもを家庭へ受け入れる「**家庭養護**」である。別名，「小規模住居型児童養育事業」ともいわれている。養育者の要件として，養育経験の年数や2人の養育者に加えて1人以上の補助者が必要とされている。委託児童の定員は5人または6人となっている。

●自立援助ホーム

　自立援助ホームは **15歳**から **20歳**までの児童が対象となっているが，大学や専門学校等に進学する場合，22歳になる年度の末日までが対象となる。なかには児童養護施設で不適応になった子どもの入所もみられる。児童養護施設は義務教育を終えても学校に通学することが前提となるが，自立援助ホームは自立が目的のため，働きながら自立に向けた生活を支えるところに特徴がある。

●母子生活支援施設

　母子生活支援施設は，母子共に入所し生活面の支援を行う施設である。夫などからの暴力で入所する割合は半数以上であり，いわゆるシェルターの機能も果たす。DVなどの際に行う「**緊急一時保護**」は，施設全体の約6割で実施している。他にもひとり親を支えるための事業や相談を受け付けているところもある。

●その他

　児童発達支援センター（福祉型，医療型）については第15章を参照されたい。児童福祉施設には，保育所や幼保連携型認定こども園，児童厚生施設，児童館，児童遊園なども含まれることも補足しておきたい。

引用文献

菅野　恵（2018）．福祉分野に関連する法律・制度（1）児童福祉 元永拓郎（編）公認心理師の基礎と実践　関係行政論（pp. 100-113）　遠見書房
厚生労働省（2014）．児童自立支援施設運営ハンドブック　厚生労働省雇用均等・児童家庭局家庭福祉課
厚生労働省（2015）．社会的養護の課題と将来像の実現に向けて Retrieved from https://www.mhlw.go.jp/bunya/kodomo/syakaiteki_yougo/dl/08.pdf（2020年7月14日）
厚生労働省（2020）．児童養護施設入所児童等調査結果の概要（平成30年2月1日現在）

III　実践編①　複数の子どもたちへの同時対応

1．事例の概要

　あなたは児童養護施設の子どもたちと遊ぶボランティアの大学生です。週1回施設を訪れ，学校から帰ってきた小学生と施設内の広場で遊んでいます。ある日，小学校低学年の男児Nくんがあなたに「おんぶして」とせがんできたのでおんぶをしてあげました。すると，周囲の同じくらいの年齢の子どもたちも「ぼくも」「わたしも」となって複数の子どもが背中に乗ってきたため，あなたは「無理だから，もうおんぶしない」と伝えました。

　すると，Nくんは「しっかりしろよ，こらっ」とあなたを足で蹴って逃げていきました。「やめなさい」と少し強い口調で言うと，周囲の子どもがあなたの真似をして「やめなさ〜い」とからかってきました。それ以上何かを言うとエスカレートするので，黙っていることにしました。すると，周囲にいた子どもたちは「あんた，つまんねえな」と言ってNくんを追いかけていきました。気がつくと，広場にはあなたしかいませんでした……。

2．事例検討

　Nくんの気持ちを察するとどのようなことが考えられますか。また，どのような対応をとることが望ましかったでしょうか？　検討してみましょう。

3. 解説

●大人を独占したい感情に応える工夫

　施設で生活する子どもは，大人を一人で独占する機会がなかなか得られない。常に他児の目があり，大人の奪い合いが起きやすい環境にある。そのため，集団のなかでも個と個のかかわりを短時間でも持つ工夫が求められる。

　具体的には，複数の子どもたちからおんぶをせがまれたら「なら順番ね」，「一人10秒だよ」など，制限を設けてかかわることは可能である。

●身体接触（タッチング）

　おんぶは，子どもが対象であれば社会的に認められる身体接触（タッチング）である。暴力行為を受けるなど不適切な身体接触の経験を有する子どもにとって，身体接触を伴う心地よい遊びの経験を積み重ねることは大切である。おんぶの他に，抱っこやこちょこちょ，ハイタッチ，人間知恵の輪など，社会的に認められるタッチングを取り入れた遊びを取り入れることが望ましい。ただし，なかには重篤な暴力やネグレクトによって身体接触を嫌がる子どももいるため，無理強いしないような配慮も必要である。

●蹴る，からかうなどの不適切な行為

　ボランティアへの蹴る，からかうといった子どもの不適切な行為に対して，どのように対応すべであろうか。このような試し行動は，虐待を受けた子どもやアタッチメントの問題を抱える子どもによくみられる行動である。挑発に乗っかって怒ってしまうとますます気をひこうとしてその行動をエスカレートさせてしまうわけだが，だからといって無視をすると今度は見捨てられ不安が高まってしまうのである。このような場合，感情的に怒るのではなく，「大人でも痛いんだよ」「そういうことされるとかなしいな」といった感情を伝えることで，自分としっかり向き合ってくれる大人の存在への気づきにつながってくるであろう。

Ⅳ　実践編②　乳児院，里親委託を経て児童養護施設に措置変更された中学生女子

1．事例の概要

【事前情報】

対象児：Oさん（中学2年女子）

主訴：「どうしていいかわからない」

職員の要望：自暴自棄になることが増えてきている。心を閉ざしてあまり気持ちを言わないので，心理面接で本音を聴いてもらいたい。

生育歴：出生間もなく母親の精神疾患を理由に乳児院へ措置され，一度里親委託されたが不調になり，3歳で児童養護施設へ措置変更となる。母親は年3回程度面会に来ていたが，うつ状態のときもあれば多弁にふるまうときもあり，母親の情緒不安定な様子に戸惑うことも多かった。徐々に家庭復帰の準備を進めることになっていたが，小学生になると面会の約束の日に現れなくなり，そのまま連絡がとれなくなってしまった。施設での生活は安定していたが，中学校での対人関係のトラブルによって不登校気味になり，自傷行為を繰り返して保健室に出入りするようになった。中2の2学期のタイミングで本人の希望もあり，施設内で心理療法を行うことになった。

その他：WISCの数値は平均域。不登校気味のため学校の成績は中の下。既往歴は無し。

2．事例検討

(1) 児童養護施設の心理療法担当職員であるあなたは，上記を読んでどんなことを連想したでしょうか？ いくつか挙げてみましょう。

(2) Oさんとの初回面接では，こちらの問いかけにも言葉少なでした。「職員から『どうしていいかわからない』ってきいているけど，どういうこと？　詳しく教えてくれる？」と投げかけると，友だちと気まずくなって教室へ行きにくくなったことや，不登校になるのはまずいとわかっているけどどうしていいかわからないといった気持ちが語られました。高校に行きたいが勉強面の不安もあるとのことです。

　さて，あなたはOさんと何を目指して心理面接を進めていくとよさそうでしょうか？　実際Oさんに伝える言葉も考えてみましょう。

(3) Oさんが中学3年生になった1年後，受験に不安を抱くようになると過去のことをふりかえるようになりました。「私，乳児院にいたんだ。建物とかぼんやり覚えているかも」「お母さん，うちが小さいときは面会に来てたんだけど，ずっと行方不明なんだ」といった内容でした。Yさんの語りにどのように反応すればよいか，検討しましょう。

3．解説

●事前情報について

　幼児の時期は子どもをかわいらしいと思っていても小学生になると家庭復帰といった現実に直面することで親自身が苦しくなり，面会を途絶えさせてしまうケースもある。連絡がとれないことで見捨てられた感情が高まり，自暴自棄になりやすく，小学校高学年から中学生にかけて自傷行為や暴力行為として表面化することもある。衝動的な行動をとることで対人関係トラブルになりやすく，学校不適応といった二次的問題も起こりやすい。

●初回面接について

　本人が語る主訴は，職員が何とか引き出した内容である場合もある。そのため，必ず初回面接で詳細を確認したい。面接の方向づけとしては，勉強面の不安も語っていることから，勉強面の何が不安なのかを確認し，高校進学することを当面の目標に掲げ，「中学校生活を乗りきるためにどうすればよいか一緒に考えていくのはどうかな？」といった内容も一案である。また，自傷行為をしたくなったときの対処法を具体的に考えてもよさそうである。

●生い立ちの整理

　本人が過去について語りだすのは，まさに生い立ちの整理をしたいというメッセージである。本人の母親に対する感情を知るきっかけになる。「乳児院の建物はどんな感じだった？　絵に描くことできる？」と紙に描いてもらう方法もある。ケースのなかには，自宅に住んでいたときの間取りを描いてくれた子どもがいて，その絵をきっかけに家族のテーマを扱う面接に発展していくこともある。

Ⅴ　復習テスト

No.	質　問	解答欄
1	社会的養護は，施設養護と家庭的養護に大別される。	
2	乳児院の入所理由として最も多いのは，母の精神疾患である。	
3	児童養護施設は，2歳から22歳未満が対象であり，大学卒業まで居続けられる。	
4	児童養護施設で広まっているグループホームは，12人以下の家庭的な環境で養育が行われる。	
5	児童自立支援施設の敷地内には，小学校や中学校がある。	
6	児童心理治療施設の特徴として，アタッチメント障害を抱える子どもの割合が他施設よりも多い。	
7	母子生活支援施設では，緊急一時保護の割合が全体の約4割となっている。	

コラム9　児童福祉施設の雰囲気

　児童福祉施設では，種類によって雰囲気が異なってくる。乳児院に入所する子どもは里親に委託される可能性があるため，同じ生活スペースで一緒に過ごしていた子どもが急に「お別れ会」をして翌日退所してしまう光景は日常的である。児童養護施設になると，2歳から18歳未満の幅広い年齢層が生活しているのでにぎやかである。見慣れない来訪者に「誰？福祉司か？」と複数の子どもが声をかけてくる。児童自立支援施設になると児童養護施設と比較して少しだけ緊張感が漂う。母子生活支援施設では，DV被害者が入所していることもあり，警備員が敷地周辺を巡回しているところもある。都心の施設と郊外の施設とでも雰囲気が異なる。以前訪問した施設では，近くの川から捕ってきたオタマジャクシや小魚を子どもたちが見せてくれた。「見学に行かせてください」とお願いしながら，時間

が作れず行けていないところがたくさんある。発展途上国の孤児院にもいくつか足を運びたい。これからもさまざまな施設へ訪問しながら現場の声を聴きとって実践や研究に活かしていきたい。

復習テストの解答

1 ×　誤「家庭的養護」→正「家庭養護」
2 ○
3 ×　誤「22 歳未満が対象であり，大学卒業まで居続けられる」→正「原則 18 歳未満が対象であり，高校卒業まで居続けられる」
4 ×　誤「12 人以下」→正「6 人以下」
5 ○
6 ○
7 ×　誤「約 4 割」→正「約 6 割」

第10章　里親制度の実際

Ⅰ　事前学習

☐　新聞記事をチェック！

> **虐待保護　里親普及せず**
>
> 　小学生の男児は「お母さんが僕を見ていてくれてうれしいから」と目が合うたびににっこりと笑う。中学生の男子からは「育ててくれてありがとう」とつづられた手紙をもらった。
>
> 　国内では児童養護施設や乳児院で暮らす子どもも多いが，里親はより家庭に近い環境で養育できるメリットがある。女性は「児童養護施設では，子どもが大人の愛情を独り占めできない。家庭なら，子どもが『主役』になれる」と実感している。
>
> 　ただ，すべての子どもたちが，里親に出会えるわけではない。（中略）長崎県の17年度末の里親等委託率は18.4％と，全国平均を下回った。県こども家庭課の担当者は「なるべく低年齢の子を預かりたいという希望が多く，年齢のミスマッチもある」と明かす。
>
> 　　　　　　　　　　　　　（読売新聞朝刊／2019年6月20日より引用）

☐　全国里親会のホームページを覗いてみよう！

Web検索キーワード：全国里親会

☐　事前学習に役立つオススメの書籍

　庄司順一・宮島　清・鈴木　力（編）（2011）．里親養育と里親ソーシャルワーク　福村出版

II　基礎編

●里親とは

　日本の里親は，児童福祉法で定められた里親制度として行われている。一定の研修を受けて登録された里親が，諸事情によって育てられなかった子どもを実親に代わって養育する仕組みである。施設での「施設養護」に対して「**家庭養護**」のカテゴリーに含まれる。日本全体の里親委託率は約 2 割まで増加してきているが，諸外国に比べると里親制度の活用の乏しさが課題となっている。また，新潟市や静岡市の委託率は約 5 割と高い数値であるが，委託率が 1 割に満たない自治体もあり，里親委託の状況に地域格差がみられる。

　里親という名称が動物の引き取り先などにも用いられていることもあるため，ネーミングが今後見直される可能性がある。なお，東京都では里親制度を「養育家庭」と呼んで啓発を行っている。

●諸外国の動向

　諸外国では大規模施設での施設症（ホスピタリズム）による悪影響への懸念もあり，**フォスターケア**（Foster Care）が主流となっている。例えば，海外の里親委託率としてオーストラリアは約 9 割であり，アメリカ，イギリスも 7 割台となっている。ただし，里親の家庭で問題を起こすと別の里親へ委託され，繰り返し"たらい回し"にされるようなケースも課題となっている。

●里親の種類

　日本の里親制度には，「**養育里親**」，「**専門里親**」，「**養子縁組里親**」，「**親族里親**」の 4 種類が定められている（Table 10-1）。養育里親と専門里親は里親手当が支給され，額が異なる。なお，手当は雑所得の扱いで課税対象となる。里子は里親の健康保険に加入できないが，児童相談所が発行する「受診券」で受診し，医療費はかからない。

●養育里親

　実親が引き取る可能性がある子どもを家庭復帰できるまで，もしくは自立に向けて 18 歳になるまで養育する里親である。原則 18 歳までとなるが，20 歳

Table 10-1　里親制度の種類

種　類	特　徴
養育里親	家庭復帰できるまで，もしくは18歳まで養育を行う。
専門里親	心身に有害な影響を受けた里子の養育を行う。
養子縁組里親	将来的に養子縁組することを前提とした養育を行う。
親族里親	3親等以内の親族が親に代わって養育を行う。

まで延長できる（これを「**措置延長**」という）。

●専門里親

　養育里親として3年以上の養育経験のある者や児童福祉分野で3年以上養育を経験した者が，専門里親研修を修了して登録される。主に児童虐待によって心身に有害な影響を受けた子どもや非行の問題のある子ども，身体障害や知的障害のある子どもなどが対象となる。なお，子どもが専門里親の下での養育に該当するかどうかを判断する詳細な基準はなく，児童相談所の判断に委ねられる。原則2年ごとに更新され，養育里親よりも養育手当が高めである。

●養子縁組里親

　将来的に里子と養子縁組することを前提とした里親であり，里親は子どもが成人したときにおおむね65歳以下であることが望ましいとされる。養子縁組里親研修を修了していることが条件となる。

●親族里親

　親が死亡もしくは行方不明，精神疾患，拘禁，入院などの理由で児童の3親等以内の者が親に代わって養育を行う。養育を担う祖父母の場合，年金を受給しているなどで児童扶養手当が支払われない問題に対応するために創られた。また3親等以内であってもおじやおばの場合，扶養義務者ではないため養育里親に含まれる。

●里親に類似した制度

　4種類の里親以外に，各自治体で里親に類似した制度に取り組んでいる場合

がある。たとえば，「週末里親」や東京都の「フレンドホーム制度」は，乳児院や児童養護施設に入所している子どもを週末や学校の長期休業期間に一般家庭へ預け，施設では得られにくい家庭での生活を体験することを主に目的とした制度である。

● 里親制度，養子縁組，特別養子縁組の区別

　里親制度は上述した通りであるが，しばしば養子縁組制度と混同されがちである。なお，養子縁組制度は，**普通養子縁組**と**特別養子縁組**に分かれる（Table 10-2）。里親制度は児童福祉法に基づき 18 歳未満が対象となるが，特別養子縁組は子どもの年齢制限が 6 歳未満であり，普通養子縁組になると年齢制限はない。普通養子縁組の場合，親権が実親と養親のどちらにも生じるのが特徴であり，特別養子縁組になると養親のみに親権が変更される。

● 里親の条件，里親になろうとする動機

　里親になる条件は，①養育の理解と情熱，子どもに対する愛情，②経済的に困窮していない，③養育里親研修の修了，④本人または同居人が欠格事由に該当していないこと，とされている。

　里親を申し込む動機として，児童福祉への理解や子どもを育てたいという想いが 3〜4 割を占めているが，その背景には不妊治療に苦しみ，子どもを育てることへの希望を抱く里親も存在する。また，仕事の定年を迎えて社会貢献のために登録するようなケースもある。自治体による里親体験発表会をきっかけとして里親制度への関心を高める機会になる。里親の年齢層では，里父，里母ともに 40 歳以上 60 歳未満が半数以上を占める。里親の年間所得の平均は 591 万であり，一般家庭の平均所得（537 万）よりも上回る。住居は一戸建てを所有する家庭が約 7 割となっている。

● 里親研修

　児童福祉法によって里親になるための研修が義務づけられている。研修は，①**基礎研修**，②**認定前研修**，③**更新研修**の 3 タイプからなっている。座学では発達心理学の講義も盛り込まれている。グループ討議などの演習に加え，実習

Table 10-2 里親制度と養子縁組制度の区別

		養子縁組	
	里親制度	普通養子縁組	特別養子縁組
子どもの年齢	18歳未満 （延長は20歳まで）	制限なし	6歳未満
実親の同意	必要	15歳以上は不要[注]	必要 （虐待の場合は不要）
親権	なし（児童相談所長が代行）	実親と養親	養親
実親との関係	存続	存続	終了
氏の変更	変更されない	変更されない	変更される
養育費等支給	あり	なし	なし

注）15歳未満は法定代理人が承諾すれば同意不要。

として乳児院や児童養護施設などの見学もある。なお，更新研修は里親登録してから5年ごとに登録を更新するための研修となる。

●里親の決定から養育，措置解除までの流れ

　児童相談所が里親の希望や里子の相性を検討し**マッチング**開始となる。児童相談所による紹介の後，児童相談所の里親担当職員などを介して子どもの生活の場で面会を行う。乳児院で生活している子どもであれば，里親支援専門員が**関係調整**を行う。交流の進め方としては，**面会**，**外出**，**外泊**の順に慣らしていく。里親の意向や子どもの状況を総合的に判断し，児童相談所が委託の可否を決定する。委託中は，児童相談所が定期的に家庭を訪問し，問題がないか経過を把握していく。委託は2年ごとに見直されて更新するが，家庭引き取りや満年齢によって措置解除となる（Figure 10-1）。

　里親と里子のマッチング中や里親委託後に，里子による**試し行動**（limit testing）や注意を求める行動（attention seeking behavior），激しい問題行動によって里親が養育に耐えられず関係不調となり，措置解除となるケースも稀ではない。子どもからすると「また見捨てられた」といった感情が高まり，複雑性PTSD に発展しかねない。

●里親による養育のメリットと課題

　里親委託による家庭養護のメリットのひとつとして，児童相談所や里親会に

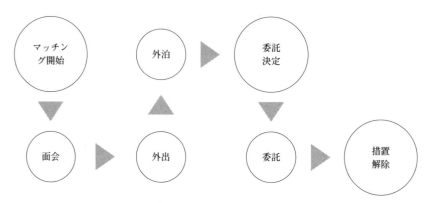

Figure 10-1　里親と里子のマッチングから解除までの流れ

　よる支援が得られることがある。特に，里親会などで養育の悩みやうまくいったかかわりなどを定期的に共有することは，多様な価値観や考えを得るきっかけにもなるため，関係改善のヒントを得られやすい。なお，神奈川県横浜市の里親支援機関「こどもみらい横浜」では，専属の臨床心理士による心のケアに特化した助言を得ることができる。

　里親の課題としては，庄司（2003）による指摘をまとめると，**①育児の経験不足**，**②里子と里親の生活様式の調整**，**③実親ではないという負い目**，**④里子を理想化しやすい傾向**の4つに集約される（Figure 10-2）。

　①育児の経験不足：実子を育てている里親もいるため，里親によって個人差が生じてくる。妊娠，出産を経て徐々に子どもへの愛着を深めていくといった通常のステップが踏めないため，特に里親委託の初期では子どもとの距離間やかかわり方に戸惑いやすい。

　②里子と里親の生活様式の調整：一緒に生活した体験を共有していないため，一体感をもたらすまでに時間がかかる。委託前までの子どもの生活習慣や考え方，価値観などと里親の独自の習慣を互いに調整していくことになる。

　③実親ではないという負い目：里親自身がプレッシャーを感じ，周囲の目を気にしてがんばりすぎてしまうこともある。血縁関係にある親子でも愛着が築けないこともある。血縁関係にないことを事実として受け止めながら愛着形成を築いていくことでそのような意識に変化がもたらされるであろう。

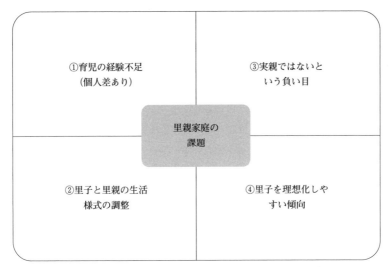

Figure 10-2　里親家庭の課題（庄司，2003 を基に作成）

　④里子を理想化しやすい傾向：理想の子ども像を思い描いてその理想に近づ
けようとする里親や，将来困らないように勉強に力を入れる里親など，里親の
熱意が里子への期待となって現れることがある。そのため，里子が苦しくなら
ないように里子の意思を汲み取りながらかかわる必要がある。

引用文献

庄司順一（2003）．フォスターケア　里親制度と里親養育　明石書店

III　実践編①　里子への学習支援

1．事例の概要

　あなたは里親会の紹介で，里子（小学6年生男子Pくん）の学習支援のために，里子の住む家庭へ週1回勉強を教えに行くことになりました。里親は裕福な家庭で里子を塾に通わせていましたが，私立中学の受験を予定しているので塾の宿題のサポートをしてほしいという要望でした。

　Pくんは里母の前では礼儀正しくしていましたが，自分の部屋で勉強する時間になると，ため息を何度もついてときおりぼーっとすることもありました。

　「疲れているのかな？」と声をかけると，「いえ，大丈夫です」と勉強に戻りましたが，集中できていない様子です。1か月経過しても，あまりにも勉強に身が入らないので「そんな調子で中学受験大丈夫？」と声をかけると急に声を振るわせて「ぼくは私立中学に行きたくない。みんなと同じ地元の中学に通いたい」と本音が語られました。お母さん（里母）の期待に応えたいと思ってがんばってきたが，塾の勉強もわからなくなってきてしまい，しんどいとのことでした。

2．事例検討

　あなたはPくんに何と言葉をかけるでしょうか？　また，里母にはあなたから何をどのように伝えるでしょうか？

3. 解説

●里親の期待

　里親のなかには理想化した子どものイメージを里子に投影することもある。これは里親だけでなく，一般家庭でも起こりうることである。しかし，里子の場合，育ててもらっているという感謝の気持ちに加え，多額の塾費用を負担していることがわかると里親の期待に応えたいという感情を抱きやすく，里親の期待を裏切ることで見捨てられるのではないかといった不安も募るであろう。

●里子と里親の心情を察する

　Ｐくんの「地元の中学に通いたい」と語る背景にどういった経緯があるのか，もう少し丁寧に探っていきたい。たとえば，親友から地元の中学のサッカー部で一緒にやろうと声をかけられているなど，具体的なエピソードが出てくるはずである。また，あなたが「私からお母さんにＰくんの気持ちを話しておく」といった対応になると，Ｐくんの本音が別の形で里母へ伝わってしまうこともある。さらに，里母からすると「なんでボランティアに本音を話せて私には話してくれないの？」と怒りがこみあげてくるかもしれない。

●本音で語り合う場面設定

　受験期になると親子で意思疎通が不十分な場合，親子に認識のずれが生じ，子どもに葛藤が起きやすい。また，受験期だけでなく，習い事の開始や終了をめぐっても同様である。特に，塾や習い事での子どもの挫折に親が気づかないままでいると，子どもは心理的にも追い詰められていく。そこで，家族以外の第三者が行えるアプローチのひとつとして，関係調整に徹することである。ボランティアの立場であれば，Ｐくんと作戦を立てて「お母さん，Ｐくんから話したいことがあるようです」ときっかけを与えるだけでもよい。学校の学級担任や塾，予備校の職員であれば，もう少し踏み込んで面談に立ち会い，両者の気持ちを汲み取り，内容を整理しながら歩み寄りをサポートするのである。

Ⅳ　実践編②　里親のマッチング中に起きた試し行動

1．事例の概要

> あなたは乳児院の心理職です。乳児院では里親に委託する候補の子ども
> と里親のマッチングの取り組みとして，面会，外出，外泊（里親の自宅で
> の宿泊）のサポートをしながら里親委託を進めています。担当者は主に乳
> 児院の里親支援専門相談員（「里専」と略す）ですが，難しいケースについ
> ては，心理職が里専の後方支援を行うことになりました。
>
> 　もうすぐ 3 歳になる男児 Q くんは，何度も里親委託の候補に挙がって
> いましたが，これまでマッチングがうまくいかず高齢児になってきました。
> 今回児童相談所から連絡があり，Q くんに関心をもっている里親がいる
> ということでマッチングを進めることになりました。なお，里親は育児経
> 験のない 40 歳前半の夫婦でした。
>
> 　乳児院の面会室では里親の膝にのってなついていましたが，外出になる
> と車内で泣きわめき，公園に行っても他児に砂を投げ，車道に飛び出そう
> とするなどの行動がみられ，里親はくたびれて 3 時間で乳児院へ戻ってき
> ました。里親は「安全面への不安があります。Q くんといてもまだ楽し
> めないです。次の外出のときには工夫したいですが，何かアイデアはあり
> ますか？」と里専に助言を求めてきました。里専は「心理職と検討して後
> 日連絡します」と伝えました。

2．事例検討

(1) 外出時の工夫として提案できることを挙げていきましょう。

(2) 外出を繰り返すうちに安全面の配慮ができるようになり，里親の自宅へ外泊することになりました。里母はQくんのために時間をかけた作った夕食を並べて待っていました。夕食の時間になって椅子に座らせて「いただきます」をした瞬間，Qくんがテーブルにある食べ物を床に落とし始めました。里父は「なんでそんなことをするの？」と怒鳴ると，Qくんは大泣きしてコップの水を里父にかけました。

　夕食を中断してQくんを乳児院に連れ戻した里親は，「きょうは冷静に対応できなかったが，Qくんの行動の意味や対応の仕方を教えてもらいたい」と言い，後日里親と心理職も交えて面談することになりました。

　さて，心理職の立場で下記の①と②を里親へどのように説明しますか？

①行動の意味

②対応の仕方

3．解説

●安全面への配慮

　どの子どもでも目を離したすきに姿がみえなくなることはあり，安全な場所と思っていた公園でも車道に出てしまいヒヤリとすることも多い。公園であれば子どもは楽しく遊べるイメージを抱きやすいが，育児経験がないと想像できなかった現実に直面することもある。具体的な提案としては，公園は刺激が多く他児もいるため親は意外に労力を費やすことになるため，人の少ない広い河原で石を投げて遊ぶことや，車通りのない路地をゆっくり散歩するだけでもよい。

●試し行動の理解と対応

　試し行動（limit testing）は，相手がどの程度まで自分を許してくれるかを試す行為である。被虐待児にみられる行為であり，試し行動がエスカレートすることで養育者が耐えられなくなり，子どもに暴言や暴力をふるってしまうような悪循環に陥ることもある。

　まずは子どもの安全を確保することである。たとえば，皿を割ってしまったら破片で怪我をしないようにする。そして，ダメなことはダメと短い言葉で真剣に向き合い，「Q くんのことは好きだけど，食べ物を投げちゃう Q くんはイヤだよ」と子どものすべてを否定しているわけではないことを伝える。試し行動は繰り返されるが，上記のように一貫した対応を行うことで試し行動が和らいでいく。また，同時に良い行動をほめていけるとよい。なお，日によって感情的に怒鳴ってしまうなど一貫した対応がとられないと，試し行動が増えてしまうこともある。

V　復習テスト

No.	質　問	解答欄
1	諸外国ではフォスターケアが主流であるが，問題を起こす子どもの場合，里親をたらい回しにされるようなケースもある。	
2	日本の里親制度には，①養育里親，②専門里親，③特別養子縁組里親，④親族里親の4種類がある。	
3	養育里親では，自立に向けて22歳まで措置延長できる。	
4	普通養子縁組と養子縁組里親は，同じ制度である。	
5	里親研修は，一度受ければその後更新する必要はない。	
6	里親のマッチングでは，面会，外出，外泊の順に進められる。	
7	里親の課題として，里子を脱価値化しやすい傾向がある。	

コラム 10　試し行動と純粋性

　試し行動は，子どもの心理療法やカウンセリング場面でも起きやすい。子どものセラピーでは，急ににらみつけてきたり，心理職に唾を飛ばしてくるようなこともある。カウンセリングルームの窓の外へ備品を投げたり，いたずらを繰り返すような子どももいる。

　試し行動であることはわかっていても，不快な感情は自然と湧き出てくる。そんなときは，ありのままに「そういうことをしてほしくない」と伝えている。これは，Rogers のいう純粋性（genuineness）と関連してくる。純粋性とは，セラピストが自分自身の内面でその瞬間に流れつつある感情や態度に十分に開かれており，ありのままであるということを意味する（Rogers, 1986）。これは，クライエントとの信頼関係を築くうえで基本的な条件となる。そのため，無理をして偽りの自己を見せることは，逆にセラピーを停滞させるのである。

引用文献

Rogers,C. R.（1986）. A client-centered/person-centered approach to therapy. In Kutash, I. & Wolf, A.（Eds.）, *Psychotherapist's casebook*（pp. 197-208）. San Francisco: Jossey-Bass.

復習テストの解答

1 ○

2 ×　誤「特別養子縁組里親」→正「養子縁組里親」

3 ×　誤「22 歳まで」→正「20 歳まで」

4 ×　誤「同じ制度である」→正「同じ制度ではない」

5 ×　正しくは，更新制である。

6 ○

7 ×　誤「脱価値化」→正「理想化」

第11章　学校現場での被虐待対応

Ⅰ　事前学習

☐　新聞記事をチェック！

> **「助けたい」苦悩の学校　家庭環境把握に難しさ**
>
> 　「あの時，学校が家庭訪問を強行していれば，聖香ちゃんを助け出せたかもしれない」。市教育委員会の幹部は唇をかむ。「あの時」とは，聖香ちゃんが3月11日から欠席し始めた時のこと。
>
> 　その2か月前には，顔にあざを作った聖香ちゃんが「新しいお父さんにたたかれる」と担任教諭に訴えていた。学校側が把握していなかった「新しいお父さん」の存在が浮かんだが，「家庭環境がよくわからない状況では，問題に踏み込みにくい」と様子見をしていた。そのなかで始まった欠席だったからだ。
>
> 　学校側も手をこまねいていたわけではない。担任教諭がほぼ毎日，電話をし，母親らの拒絶に遭いながらも再三，家庭訪問を申し入れ，教頭とも相談した。ただ，校長までは報告せず，「家庭環境がわからない」と家庭訪問の強行などの積極策に踏み切らなかった。
>
> 　結局，「虐待の疑い」は，学校側も確信を得られず，学校から市教委や児童相談所などに届くこともないまま，聖香ちゃんは息を引き取った。
>
> （日本経済新聞朝刊／2009年6月10日より引用）

☐　「学校・教育委員会等向け虐待対応の手引き」をチェックしてみよう！
　Web検索キーワード：文部科学省　虐待対応の手引き

☐　事前学習に役立つオススメの書籍
　玉井邦夫（2013）．新版 学校現場で役立つ子ども虐待対応の手引き─子どもと親への対応から専門機関との連携まで─　明石書店

II 基礎編

●学校で顕在化する児童虐待

　一年を通して子どもの様子を把握している学校現場では，子どもの異変に気づきやすく，何らかのサインとして顕在化することで早期発見，早期対応につながりやすい。

●学期ごとの子どもの異変

　学校現場では，学期ごとに生じやすい子どもの異変がみられる。まず，1学期に行われる身体測定や水泳指導では，ふだん衣服で隠れる部分にみられる怪我やあざなどを発見しやすい。また，家庭訪問や保護者面談を行うことで，親と子のコミュニケーション場面を通して違和感を把握できる。具体的には，学校場面ではふだん騒いでいるような子どもでも，親の前では極度に委縮し緊張した態度をとるなどである。

　夏休みを終えた2学期に入ると，長期休業中の家庭での悪影響が子どもの異変として学校でみられることもある。特に，学校給食で補えていた栄養を家庭で摂れなくなるため，体重の激変がみられる場合は要注意である。また，親の帰宅が遅いなどの理由で低年齢の子どもだけで一日中不安を抱え緊張しながら過ごしていた子どもは，学校のほうがむしろ安全な場であるため，信頼のおける教師の前で**退行現象**（年齢よりも幼い行動）が起きやすくなる。

　3学期に入る前の冬休みは比較的短い休業期間であるものの，暖房機器の故障で寒さに耐えながら過ごしていたといった貧困の問題が浮き彫りになることもある。3学期になると，慣れ親しんだ学級集団で比較的安定した時期になるはずであるが，学級不適応や孤立を強めている子どものなかには，親からの虐待によってメンタルヘルスに不調をきたして疎外感を抱えている可能性もある。

●学校でみられる被虐待児の特徴

　学校では，身体面，行動面，心理面の3つの側面から子どもの状態像を把握していきたい（Table 11-1）。

　まず，身体面では不自然な怪我やあざなどであるが，なかには発熱をおさえるための冷却シートをあざの部位に貼って登校してくる子どももいるため，子

Table 11-1　被虐待児にみられる気になる言動

	内　容
身体面	不自然な怪我，あざ，やけど 異臭（不潔） 衣服の汚れ 体重の極端な増減 むし歯の多さ
行動面	落ち着きのなさ 視線を合わそうとしない 自分の持ち物を乱暴に扱う 授業が始まっても教科書やノートを開かない 他人の持ち物や学校の備品を盗む 教師との接触を避けようとする 頭をなでようとすると防御する 自傷行為 無差別的愛着 帰宅したがらない 盗みなどの問題行動
心理面	注意力の欠如 自尊心の低さ 無気力 同級生に無関心 常に大人の顔色をうかがう いらだつ 年齢にふさわしくない性的関心，性的言動

どもの違和感にいち早く気づかなければならない。異臭や衣服の汚れはネグレクトが疑われるが，親の精神疾患によって育児や家事まで行き届かず切迫していることも考えられる。1年前に歯科検診で指摘されたむし歯が悪化している場合，子どもに必要な治療を受けさせていないということで医療ネグレクトとなる。

　行動面としては，いらだつ態度や怒りの爆発，集中困難などは**覚醒亢進**ともいわれる。自分の持ち物を乱暴に扱う，教科書やノートを開かないといった自暴自棄に陥るような状況は，自己肯定感を低下させる何らかの原因が生じているととらえたい。頭をなでようとすると防御する子どもの姿勢は，日常的な身体的虐待を受けている可能性が高まる。無差別的愛着は，しばしば下校時や上

級生から性被害を受けるケースや，SNS を介した性犯罪に引き込まれるリスクを高める。

　心理面では，被虐待児には注意力の欠如といった ADHD（注意欠如・多動症）の不注意優勢タイプに似た **ADHD 様症状**（西澤，2010）が散見される。これは，日常的に暴力を受けていることで常に神経過敏状態となっているためで，授業に集中できないこともある。常に大人の顔色をうかがう行為も被虐待児によくみられ，教師のちょっとした表情の変化にも機敏に反応する。年齢にふさわしくない性的関心，性的言動は，幼児や小学校低学年の子どもにもみられる。家族から性行為の動画や画像を見させられるといったこともあるため，家庭環境による影響を把握し，重篤な性的虐待を受けていないかを確認する必要がある。

●児童虐待にかかわる学校の連携先

　学校に通う子どもの被虐待が疑われた時点で，学校だけで問題を抱え込まず，さまざまな機関や関係者と連携をとりながら初期対応を行うことになる（Figure 11-1）。また，学校長は教育委員会と連携をとりながら児童相談所や子ども家庭支援センターへの通告のタイミングを図っていく。ただし，教師やスクールカウンセラーなどが単独で判断して行動せず，学校長の判断を仰ぎながらチームで対応していくことが重要となる。子どもの深夜徘徊や親の DV がきっかけで警察と連携をとることもある。「一日中雨戸が閉まっている」，「子どもの泣く声がよく聴こえる」，「深夜も子どもだけで過ごしているようだ」などといった地域住民からの情報は，地域の民生委員，児童委員が把握していることも多い。

　学校側で緊急性が高いと判断し児童相談所へ一時保護を要請したとしても，児童相談所が自力で逃げることのできない乳幼児への対応を優先し，一時保護所も満員で余裕がない場合，なかなか保護してもらえず学校側が児童相談所に不信感を募らせることもある（前川・菅野，2013）。背景として，児童相談所の人員不足や一時保護所の定員超過も影響しているが，学校側は児童相談所の事情を把握していないことが多い。そのため，関係者間の不調で子どもに不利益を生じさせないためにも，定期的に児童相談所へ報告し通告履歴を蓄積するこ

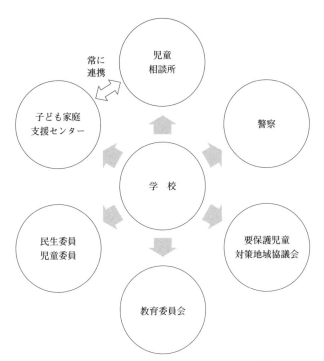

Figure 11-1　児童虐待にかかわる学校の主な連携先

とや，個別検討ケース会議を開催し意思疎通しやすいように関係を築いておく
ことも重視しなければならない。

●要保護児童対策地域協議会への学校としての参加

　要保護児童対策地域協議会（「要対協」と略される）は，要保護児童等につい
て関係者間で情報交換と支援の協議を行う機関として児童福祉法第25条の2
に位置づけられた。

　必要に応じて，要保護児童対策地域協議会の開催を要請し，さまざまな関係
者間で**個別検討ケース会議，実務者会議，代表者会議**を実施する。構成員には
Figure 11-2で示したメンバーの他，保健センターの保健師や医療機関の医師，
保護司などが加わることもある。

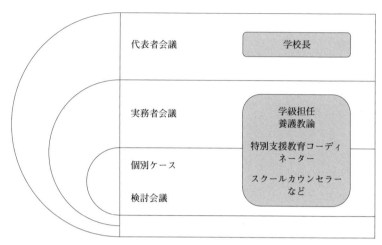

Figure 11-2　要保護児童対策地域協議会の 3 つのタイプ

　学校からは，代表者会議には学校長が出席する。実務者会議，個別ケース検討会議には当該の子どもの学級担任，養護教諭，特別支援教育コーディネーター，要請されればスクールカウンセラーやスクールソーシャルワーカーが出席する。学校が主催することもあるが，実務者会議を定期的に開催し構成員と日ごろから関係を築けていると，緊急の個別ケース検討会議のときに充実した協議が行なえる。

● スクールカウンセラーによる対応例

　菅野（2019）による報告に基づき，**スクールカウンセラー**（以下，SC とする）が対応した被虐待対応の流れを Figure 11-3 に示した。問題行動が表面化することで子どもの異変に気づいた学級担任が，家庭での何らかのトラブルを感じとり，SC につなげた事例である。SC との面接では，一時保護への警戒心や暴言を繰り返し父親に対する怒りが語られるようになり，希死念慮の高まりや危険行為をきっかけに一時保護された。なお，事例の詳細は『スクールカウンセリングの「困った」を解決するヒント 48』（大修館書店，pp. 154-159）を参照されたい。

Figure 11-3　スクールカウンセラーが対応した被虐待対応の流れ

引用文献

菅野　恵（2019）．事例から学ぶ虐待　菅野　恵・藤井　靖（編）公認心理師必携 スクール
　　カウンセリングの「困った」を解決するヒント 48　大修館書店
前川あさ美・菅野　恵（2013）．虐待という危機　矢守克也・前川あさ美（編）発達科学ハ
　　ンドブック 7 災害・危機と人間（pp. 99-111）　新曜社
西澤　哲（2010）．子ども虐待　講談社

III　実践編①　不登校の家庭訪問での異変

1．事例の概要

　　あなたは教育委員会が募集していた「不登校の家庭への訪問ボランティア」に登録し，9 月から小学校へ派遣されることになりました。教頭からは，「週 1 回，3 件の家庭を回って子どもと会話を交わしてきてほしい」と頼まれました。訪問先の家庭には，あなたが来ることを事前に手紙で連絡していました。2 軒目までは順調に会えましたが，3 軒目の小学 2 年生の女児 R さんがいる一軒家の家庭は，雨戸が閉められており，呼び鈴を押しても不在でした。そのことを学校へ伝え，また次週訪問することになりました。

　　翌週，同じように訪問しましたが，やはり 3 軒目は前回と同じく雨戸が閉ざされ呼び鈴を押しても出てきませんでしたが，わずかに子どもの泣く声が聴こえるような気がしました。教頭にそのことを伝えると，学級担任を呼び出してくれました。最近の状況を尋ねたところ，夏休み明けから学校からの電話にも出ないので気になっていたとのことでした。小学校に入学と同時に他県から転居してきた家庭で，1 年生のときから不登校傾向があったようです。1 年の学級担任によると R さんの表情は乏しく，保護者も不愛想とのことです。教頭は「ひとまず来週も訪問してください。様子をみましょう」と告げられました。

2．事例検討

　学校側の判断はこれでよいでしょうか？　望ましい対応を考えてみましょう。

3．解説

●違和感のある家庭

　本事例は，他県から転居してきたため小学校の近隣の保育園や幼稚園からの情報提供がないということも懸念材料となる。残暑でまだ暑い９月に雨戸を閉めっぱなしであることは，明らかに不自然である。郵便受けが詰まっていないか，電気メーターは動いているか，エアコンの室外機は作動しているかは，確認したいポイントである。

●学校側のゆとりのなさ

　学校の管理職は，不登校の子どもの氏名は把握していても，家庭の状況や学級担任の対応の様子まではわかっていないこともある。特に，問題を抱えた子どもの多い学校は，情報が錯綜しやすく，緊急度の高いケースを最優先に対応する傾向がある。そのため，不登校のように子どもや保護者からのアプローチがない場合，学級担任にゆとりがなければ対応されないままでいることも多い。保護者が不愛想な態度であれば，学級担任に「なんとかしてあげたい」という感情が沸き起こりにくく，「様子見」（経過観察）の状態になりやすい。

●児童相談所へ通告すべきケース

　２週連続で本人に会えず，学級担任による電話にも出ず，（不正確であるが）子どもの泣き声が聴こえるようであれば，子どもが安全に暮らせているかわからないハイリスクな状況であるため，すぐに児童相談所へ通告すべきである。ボランティアは教育委員会から派遣されているため，学校側が動かないのであれば，教育委員会のボランティアの担当者に事情を話し，相談するとよい。

Ⅳ　実践編②　学校で不穏な様子をみせる小3男児の事例

1．事例の概要

今年度からスクールカウンセラー（SC）として着任した小学校で，さっそく校長から相談を受けました。小学1年生のときに父親から身体的虐待を受けて一時保護されたことのある小学3年生の男児Sくんが，3学期は安定していたものの，3年に進級してから情緒不安定な様子とのことです。クラス内にあるロッカーを蹴ってへこませたことで，学級担任が母親へ電話し報告したところ，謝罪はあったものの母親のおどおどした態度に違和感をおぼえたとのことです。家庭での様子を尋ねても「問題ないです」としか答えません。

その後も毎日のように授業中廊下に出て騒いでいて，他児を威嚇するような行動が頻繁にみられました。学級担任は授業を中断することが増え，疲弊している様子です。他児も落ち着きがなくなり，他児の保護者からもクレームが複数寄せられています。

2．事例検討

(1) 校長から「SCの立場から助言をもらいたい」と要望があり，校内でケース会議を開催することになりました。さてSCとしてどのように助言するのがよさそうでしょうか？

(2)　校内のケース会議では，Sくんが家庭で再び虐待を受けている可能性があるため，まずはSCが面接をして家庭での様子を探っていくことになりました。SCとの初回面接では，学級担任に付き添われて来談し「SCの先生に何でも話をきいてもらいなさい」と促されていました。学級担任が去ると，Sくんは無言でカウンセリングルームをうろうろし，「なんでオレはここにいないとなんないんだよ」とふてくされていました。

　SCのあなたは，Sくんとどのような対話をしていきますか？

（3）　3回目の面接で，ようやく信頼関係が築けてきました。すると「お父さんむかつくんだよ。オレのことをバカにしやがって。すぐぶん殴るし。けどさ，1年のときに一時保護所でいじめられたから行きたくない」と泣きながら話しました。昨日殴られたあざも確認しました。さて，SCとしてどのように対応したらよいでしょうか？

3．解説

●子どもの問題行動にある背景

　子どもに対する家庭での不適切なかかわりの副作用として，学校で問題行動として表出されることがある。学校は対応に追われ困惑するが，子どもからすると援助希求行動（help seeking behavior）であるといえる。

● SC に助言を求めてきたときの対応

　ケース会議では，SC が率先して助言を述べるよりも，まずは SC が抱いた疑問や疑念などを教師に投げかけながら，不確実な情報を確かなものにしていくといった姿勢が求められる。具体的には，1 年生のときに受けた暴力の程度や親の態度はどうであったか，一時保護所から家庭に戻ったということは父親が反省して再虐待のリスクはないという判断だったのか，などを確認したい。父親と母親のイメージを豊かにするために，親と対面したことのある教師に情報をきいておきたい。そのうえで，SC の立場で本人との面接が可能であるか，また母親との面談もできそうか，アプローチを模索していきたい。

●「不本意面接」について

　学級担任に促されて来談するような不本意面接は，防衛的な態度を強め，話が進展しないこともある。そこで，まずは「なんで担任の先生にここに連れてこられたと思う？」と尋ねてみるとよい。S「授業中暴れているから」，SC「なんで暴れるようになったの？」，S「……わかんない」，といった感じで本人の語りを少しでも引き出していきたい。防衛的な態度が緩まなければ，「せっかくきたんだから遊びながら話そう」とカードゲームやお絵描きなどを交えていくと次回の面接の動機付けを高めやすい。

●児童相談所へ通告することへの説得

　通告の説得は長引くこともあるため，「S くんがつらい思いをしてきたことを先生にも伝えたい」と話し，教師を交えて対応することも視野に入れたい。

Ⅴ 復習テスト

No.	質　問	解答欄
1	家庭で常に緊張状態におかれる子どもは，学校のほうが安全なため学校で退行現象をみせるケースもある。	
2	学校での虐待発覚のきっかけとして，長期休暇の後の異変があげられる。	
3	いらだつ態度や怒りの爆発，集中困難などは覚醒亢進といわれている。	
4	注意欠如・多動症の不注意優勢タイプに似た症状が，「ASD様症状」である。	
5	むし歯が多く，特に1年以上も治療していない場合，ネグレクトが疑われる。	
6	要保護児童対策地域協議会は，個別検討ケース会議，実務者会議，代表者会議，首長会議の四層構造からなっている。	
7	上記の協議会は，児童相談所が主催すると決められている。	

コラム 11　サービス残業

　学校でのカウンセラーとして働き始めた若いころ，自分は役に立てていない気持ちでいるのに教師は残業をしていて，自分だけすぐに帰宅することを申し訳なく思い，勤務時間を過ぎてもサービス残業をしていたことがあった。今から思えば自信のなさの表れである。しかし，教師たちからは「遅くまでがんばってくれていてありがとうね」と言われ，夜遅く校舎を施錠して一緒に出た教師たちとラーメンを食べに行くこともあった。問題行動を起こす子どもが多い学校で，教師は指導に苦慮していたし，私もまた不登校やネグレクトといった難しいケースを抱えていた。月に数回ケース会議を開くうちに教師との一体感が徐々に生まれ，飲み会や職員旅行に

も連れて行ってもらい，いろいろと学ばせてもらった。

　最近では地域によって異なるであろうが，ゆとりのなさやハラスメントの予防などで飲み会や慰安旅行を行わない学校もある。また，社会の厳しい目にさらされるため，残業をしにくい時代になった。それは職種を問わず，同様の傾向にあると聞く。

　勤務時間外の人間関係に縛られない働き方が，どの現場でも求められているように感じる。昔ながらの付き合いの心地よさも，プライベートを重視したい気持ちも両方わかるため，若い世代とベテラン世代の中間の立ち位置にいる私は，ときどき複雑な気持ちになるのである。

復習テストの解答

1 ○

2 ○

3 ○

4 ×　誤「ASD 様症状」→正「ADHD 様症状」

5 ○

6 ×　誤「首長会議の四層構造」→正「個別検討ケース会議，実務者会議，代表者会議の三層構造」

7 ×　正「学校が主催することもある」

第12章　被虐待児への心の支援

I　事前学習

☐　新聞記事をチェック！

児童虐待どうケア？

　（関西の児童心理治療施設に）10年以上勤める臨床心理士はこんな例を挙げた。過去に担当したある女子中学生は，入所初日から「親とうまいこといかへんかったけど，嫌なことは思い出せへんから大丈夫や」。施設で友だちもでき，新しい環境に適応しつつあるように見えた。

　その子がある日の夕方「キレ」た。親しい女友だちが，別の友だちと親しそうに遊んでいるのを見たのがきっかけだった。「私なんか死んだらええねん！」。（中略）興奮した彼女はボールペンを手に取り，ペン先を手首に押し当てた。異常に気づいた児童指導員が，彼女を相談室に連れて行った。臨床心理士も駆けつけ，1時間ほどして誰に言うでもなくつぶやいた。「（虐待されるのは）いっつも私ばかりやってん。きょうだいの中で，私だけ。なんで私だけなん？ 私が言いつけを守らなかったから？ 私が悪い子やったから？」。その後の臨床心理士との面接で，彼女は母親から殴られた記憶を少しずつ語るようになった……。

（朝日新聞朝刊／2006年10月21日より引用）

☐　子どもの心の支援に用いられる箱庭療法の用具をチェックしてみよう！

　　Web検索キーワード：箱庭用具　メルコム

☐　事前学習に役立つオススメの書籍

　森田喜治（2006）．児童養護施設と被虐待児─施設内心理療法家からの提言
　　　─創元社

II 基礎編

●被虐待児へのアプローチ

被虐待児の多くは，大人から虐待を受けているということもあり，たとえ支援者であっても大人に対する恐怖を抱えているということを前提にアプローチしなければならない。子どもの目線に合わせて対話し，語りたがらないことに対して無理強いせず，時間をかけて寄り添う姿勢が求められる。

●被虐待児に対応する心の支援の専門職と連携

国家資格化された**公認心理師**や，民間資格のなかでも専門性の高い**臨床心理士**といった心理専門職は，さまざまな子どもの現場に配置されるようになった（Figure 12-1）。それゆえ，子どもや親が複数の相談機関につながるケースが増えてきており，同業種による他機関連携も求められている。特に，複数の心理専門職が同一のクライエントに対して異なるアプローチを行うことで，クライエントが混乱してしまうこともあることから，クライエントや親の了承を得て同職種間で役割分担を行う必要がある。

●児童養護施設における心の支援

児童養護施設には，トラウマを抱えた子どもが多く生活していることから，公認心理師や臨床心理士などの心理療法担当職員が配置されるようになり，施設内に面接室やプレイルームが設置されている。

そこで，児童養護施設で用いられる心理的支援の種類をまとめた（Table 12-1）。

心理面接は最も重視されるアプローチである。まだ感情を適切に言語化することが難しい子どもの場合，**プレイセラピー**（遊戯療法）を行いながら遊びを通して自己治癒力を高める支援となる。なお，心理面接で**箱庭療法**や**描画療法**，**ライフストーリーワーク**が取り入れられることもある。

●子どもの心理アセスメント

被虐待児の心の状態を明らかにするためには，心理アセスメントを通して支援の手がかりを探っていくことになる。児童福祉施設に入所する子どもは，た

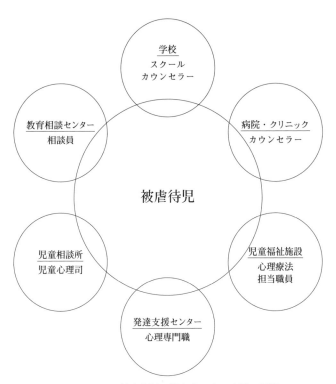

Figure 12-1　被虐待児に対応する心の支援の現場

いてい児童相談所で知能検査（WISC など）をすでに受けていることが多いため，知能検査以外の心理検査を施設で行うこともある。そこで，比較的子どもに実施しやすい投影法検査の一例を示した（Table 12-2）。

　言語化が難しい子どもでも**バウムテスト**や**HTP**といった描画を用いた方法であれば導入しやすい。ケアワーカーに対するコンサルテーションの手段として，行動観察の他に家族イメージ法を応用した集団場面のアセスメントがあり，集団力動を把握するためのツールとして活用されている（Figure 12-2，菅野，2019）。

　他には，TSCC（子供用トラウマ症状チェックリスト）や DSRS-C（バールソン児童用抑うつ性尺度），CBCL（子どもの行動チェックリスト）などを用いること

Table 12-1 児童養護施設で用いられる心の支援の種類

種　類	概　要
心理面接	プレイセラピー（遊戯療法）がメインとなり，思春期に入ると対面での面接に移行する。
箱庭療法	心理面接の中で用いられる。定期的に箱庭を制作することで子どもの内的世界の変化がわかる。
描画療法	子どもは心理面接の中で絵を描くことも多い。絵具などで血を連想させる絵を描く子どももいる。
ライフストーリーワーク	生い立ちの整理を行い，新たな視点で人生をとらえなおしていく。
生活場面面接	子どもの生活空間に入り子どもたちとかかわりながら集団場面での心理的な影響を検討する。
行動観察	集団場面の関与観察だけでなく，構造化された空間で刺激に対する反応を観察することもある。
セカンドステップ	写真教材などを用いながら対人関係能力，問題解決能力を高めるためのプログラムである。
SST	社会性スキルを高めるためのトレーニングのこと。モデリングなどで実践を通してスキルを習得していく。

Table 12-2 子どもの現場で用いられる投影法検査

検査名	内　容
SCT（文章完成法）	未完成な文章の続きを完成させ，文章の構成や書き方などから人間像を総合的に把握していく。
バウムテスト	1 枚の紙に木を描いてもらう。幼児にも実施可能で導入しやすい。
HTP	家（H），樹木（T），人（P）を描くことによってパーソナリティを査定する。特に被虐待児の場合，家の描き方に着目する。統合型の S-HTP は 1 枚の用紙に 3 つの内容を描くためクライエントへの負担が少ない。
風景構成法	川，山，田，道などの 10 のアイテムを順番に描いてもらう。彩色や全体的なバランスにも着目していく。
家族イメージ法	枠の中に家族の構成員をシールで貼りつける。家族が向く方向やシール間の距離を家族関係のアセスメントに活用する。
P-F スタディ	欲求不満に関する反応からパーソナリティを把握する。絵の吹込みに言葉を書き入れるため，子どもの関心を引きやすい。
ロールシャッハテスト	インクの染みの図版を提示し何に見えるかを述べてもらい，その反応を分析する。被虐待児ならではの反応特徴が明らかになっている。

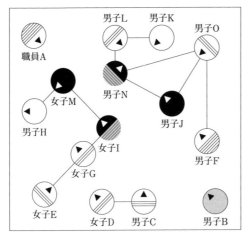

Figure 12-2　家族イメージ法を応用した集団場面のアセスメント（菅野，2019）

もあるが，個別のセラピーなどの対応に追われて心理アセスメントまで手が回らない現状もある。

●プレイセラピーの実際

　プレイセラピーは，だいたい50分前後で週1回もしくは隔週などの定期的なペースで決まった場所で行われる。ロジャーズ派のアクスライン（V. M. Axline）によって1959年に提唱された**アクスラインの8原則**（8つの基本原理，Table 12-3）は，プレイセラピーの基本的な技法として用いられる。

　プレイセラピーのなかで箱庭を用いて孤立した状況を表現する例や（Figure 12-3，菅野，2015），墓を用いて喪失体験をテーマにした光景を制作する例（Figure 12-4，菅野，2013）もある。

　被虐待児ならではのプレイセラピーの特徴になるが，遊びを通して攻撃性や怒りが引き出されることが多く，虐待場面の再現（**虐待の再現性**）によって攻撃性がセラピストに向かうこともあるが，アクスラインの8原則にある「**必要な制限**」を設けることでクライエントもセラピストも守られるのである。

Table 12-3 アクスラインの8原則

①ラポールの形成
②受容
③許容的な雰囲気
④反射（気づきの促し）
⑤子どもに自信と責任を持たせる
⑥子どもが主体的になるように従う
⑦子どものペースに合わせてゆっくりした過程を認める
⑧必要な制限（時間・場所の一定化，自傷他害の禁止，破壊行動をさせないなど）

Figure 12-3　ネグレクト児による箱庭（菅野，2015）

引用文献

菅野　恵（2011）．児童養護施設におけるネグレクト児のプレイセラピー　日本サイコセラ
　　ピー学会雑誌，*12*, 77-85.
菅野　恵（2013）．反社会的行動を繰り返すネグレクト児の心理療法―児童養護施設での継
　　続的セラピーによるコーピングスキルの獲得と親への葛藤の克服―　日本サイコセラピ
　　ー学会雑誌，*14*, 87-97.
菅野　恵（2015）．援助希求行動としてのシグナルの弱いネグレクト児の心理療法―児童養
　　護施設での8年間のセラピーを通して―日本サイコセラピー学会雑誌，*16*, 129-135.
菅野　恵（2019）．福祉分野におけるアセスメントと支援をつなぐ実践　橋本忠行・酒井佳
　　永（編）公認心理師実践ガイダンス1　心理的アセスメント（pp. 107-126）　木立の文庫

Figure 12-4　喪失体験を表現した箱庭の一場面（菅野，2013）

III　実践編①　僕とオバケ

1．事例の概要

あなたは児童養護施設に週 1 回子どもたちと遊ぶボランティアをしています。ある日，ネグレクトを受けて入所した小学 4 年男児 T くんが「絵具で絵を描きたい」と言ってきたので紙と絵の具を渡しました。すると，下記の絵（菅野，2011）を描きました。

「どんな絵か説明してくれる？」と尋ねると，「真ん中は僕，左の大きい丸はお父さん，上に乗っかっているのがお母さん，右も僕でオバケになってオバケの周りにバリアを張っているんだ」「オバケ以外はみんな泣いているんだよ」と教えてくれました。

2．事例検討

さて，上記の絵からあなたは何を感じ取りましたか？

3．解説

●子どもの描く絵から感じとる

　子どもは言葉が未熟なことから感情をうまく言語化できないことも多い。そこで遊びを通して表現するわけだが，遊びのなかで描く絵や制作する作品から，子どもの言葉にならないメッセージを感じとっていきたい。なお，周囲に他の子どもがいると他児の真似をする場合もあり，その子どものオリジナリティが損なわれてしまうため，刺激の少ない場で描いてもらうことが望ましい。

●子どもが絵を描いているときの基本姿勢

　絵を描く子どもには，斜め後ろから寄り添う立ち位置がよい。これは，見守られている感覚，つまり安心感をもたせることを意図する。子どもが描いているときに，質問攻めだと子どもが集中して描けないし，逆に別のことをしていては子どもを放置することになる。常に子どもへ注意を払い，関心を向けることが重要となる。

●絵から読み取る

　注目すべき点は，涙の量である。お母さんの涙が最も多く，子どもが一番泣けていない。両親がたくさん泣いているので子どもが思いきり泣けない状況であることから，感情を抑制して育ってきたのではと察する。また，「僕」が2人存在し，解離的，離人的なイメージである。さらに，オバケの「僕」は，オバケになるだけでも怖がられるはずなのにバリアを張っていることから，やや過剰な防衛反応であるといった印象である。

IV　実践編②　プレイセラピーと虐待の再現性

1．事例の概要

> 対象児：小学4年男児Uくん
>
> 主訴：盗み，暴力行為，協調性がない
>
> 生育歴：母親の精神疾患とネグレクトで生後間もなく乳児院に入所しました。父親はUくんの出生後，逮捕され行方不明になっています。Uくんは2歳時に児童養護施設へ措置変更されました。幼児のころから落ち着きのなさや粗暴な行動が目立ち，集団行動は苦手でした。小学校へ入学すると授業が始まっても教室へ戻らず校舎の裏に一人でいる時間が目立ちました。母親は頻繁に面会に来る時期としばらく連絡がとれない時期があり不安定な交流を繰り返し，母親が現れないとUくんはずっと一人で泣いていました。小4になってから同じユニットの子どもの私物を盗むことや，かっとなって窓ガラスを割るようなこともあり，ユニットの担当職員が個別の心のケアが必要と考え，心理療法のオーダーが入りました。WISCのFIQは113であり，ディスクレパンシーはみられないものの，無気力から学習に取り組まず学力が身についていません。

2．事例検討

(1) Uくんの生育歴から，本人の課題が主に何によって引き起こされているか考えてみましょう。

(2) Uくんは自分の気持ちを語ることが難しいことから，プレイセラピーを
メインに進められました。母親と連絡がとれず半年以上経っている時期に，遊
具を用いて女性が登場するストーリーを展開させました。ある女性が男性と会
話した後に自宅へ戻り，自宅の2階から飛び降りるといった遊びを繰り返しま
した。別の日には，子どもの犬のぬいぐるみがお母さんとはぐれてしまい，何
度も探して「お母さんいた！」と声をかけたらお母さんじゃなかった，といっ
たお母さんを探す場面もみられました。

　さて，このような2つの遊びの場面から，Uくんは何を表現していると考
えますか？

---

(3) 母親と連絡がつき，面会を再開し外泊もするようになりましたが，Uく
んには以前ほど母親を求める様子がみられません。ケアワーカーからの情報で
は，母親に付き合っている男性がいるとのことでした。プレイセラピーでは，
レゴブロックで戦いのシーンを繰り返しています。Uくんの心境や葛藤を検
討してみましょう。

3. 解説

●行動化の背景

　幼児まではわからなかった家庭状況が小学生になると徐々に理解できるようになり，被虐待児は周囲の子どもと比較し自分の境遇が特殊であることに気づき始める。小学4年生になると10歳の節目で「1/2成人式」を行う学校もある。一般家庭の他児との違いを認識し，自分の生い立ちに直面することで悲嘆反応や親に対する怒りがこみあげ，暴力行為として行動化しやすく孤立感を高めやすい。

●虐待の再現性

　被虐待児のプレイセラピーでは遊ぶ内容によって自分が受けてきた虐待体験を再現することもある。これまで言語化されることなく抑圧されてきた感情が遊びで再現されるわけである。母親と思われる女性が飛び降りを繰り返す遊びは，自殺企図やそれに近い行為を子どもの前で繰り返してきた母親である可能性も推測される。過去の出来事を正確に情報収集することが難しい事例が多く，実際に何があったのかがわからない。そこで，遊びや箱庭，絵画，制作物などを通して子どもの声にならない感情を察していくことが求められる。

●家庭環境の変化による葛藤

　ひとり親家庭に母親の知人男性が出入りし，子どもが一時帰宅中に見知らぬ男性と一緒に過ごし，戸惑って施設へ戻ってくることもある。親から口止めをされていると，児童相談所や児童養護施設が把握できないままでいることも少なくない。独占できたはずの母親をよく知らない男性に奪われ，攻撃性が遊びで表出されることもある。どのケースもそうであるが，心理療法のプロセスは家族の変化も併せて検討していきたい。

Ⅴ　復習テスト

No.	質　問	解答欄
1	公認心理師は，専門性の高い民間資格であり，他機関の同業者と連携をとることが求められる。	
2	ライフストーリーワークとは，箱庭を制作することで子どもの生い立ちの整理をしていく。	
3	子どものアセスメントツールとして，SCT は未完成な文章の続きを完成させる検査である。	
4	HTP の統合型である S-HTP は，1枚の用紙に描くためクライエントへの負担が少ない。	
5	プレイセラピーの基本技法として，アクスラインの8原則がある。	
6	アクスラインの8原則では，受容的な態度と許容的な雰囲気を重視することから，自傷他害も受容し許容すべきである。	
7	プレイセラピーでは，虐待場面が再現されることもある。	

コラム12　過剰適応？

　児童養護施設で育って高校を卒業と同時に退所し就職することになった男子に施設での生活体験を尋ねたことがあった。いつも明るくおっとりしていて他児からも職員からも信頼を寄せられている彼であった。しかし，母親は知的障害で父親は行方不明のため育児困難となり，乳児院を経て児童養護施設へやってきて長期入所となった。施設での生活は安定していたが，いらだってしまいこっそり泣くこともあったという。

　「泣くときはどうしていたの？　部屋も相部屋だからどうしていたのかと思って」と伝えると，「枕に顔を押し当てて声を殺して泣いていたんだ（笑）」とおどけて話した。児童養護施設といった集団生活を行う異質な場

では，甘えたくても甘えられない子どもはたくさんいるし，泣きたくても泣けない子どももいるのである。

　施設の子どもが「いい子」すぎるのは「過剰適応」といってもいい。トラウマを抱え，暴れたり泣いたり混沌とした感情を子どものうちに表出できているほうが健康的なのである。

復習テストの解答

1 ×　誤「民間資格」→正「国家資格」

2 ×　誤「箱庭を制作することで」の箇所。箱庭は用いない。

3 ○

4 ○

5 ○

6 ×　誤「自傷他害も受容し許容すべきである」の箇所。自傷他害は制限を行う。

7 ○

第13章　家族再統合プロセスとアフターケア

I　事前学習

☐　新聞記事をチェック！

> **虐待親子 再び関係紡ぐ**
>
> 　虐待された子どもと親の関係構築を目指すプログラムを実践している NPO 法人「チャイルド・リソース・センター」（大阪市）は，児童相談所の児童福祉士だった宮口智恵さんが 2007 年に設立。児童相談所は虐待された子どもを保護する一方で，再び家族で暮らせるよう親を支援する役割も担う。しかし「子どもを奪われた」と反感を抱く親もおり，児相での立場で親とかかわる難しさを痛感。同法人を作り，カナダで行われていたプログラムを基に，独自に家族再統合プログラムを開発した。
>
> 　親子 1 組ずつ行うプログラムで，2 週間ごとに 1 回約 2 時間，7 か月にわたって向き合う。親子で遊ぶ様子をビデオで撮影して見返したり，親自身の子ども時代を振り返ったりして親の内省を深め，子どもの視点に立った親子関係を築くことを目指す。
>
> 　　　　　　　　　　　　　　（読売新聞朝刊／2016 年 2 月 8 日より引用）

☐　「チャイルド・リソース・センター」の HP をチェックしてみよう！
　　Web 検索キーワード：｜チャイルド・リソース・センター｜

☐　事前学習に役立つオススメの書籍
宮口智恵・河合克子（2015）．虐待する親への支援と家族再統合　明石書店
菅野　恵（2017）．児童養護施設の子どもたちの家族再統合プロセス—子どもの行動と心理的支援—　明石書店

II 基礎編

●親子分離と家族再統合

児童相談所に一時保護されることで一時的に親子分離となるが，家庭に戻すことができずに施設への措置や里親委託をした場合は完全な親子分離となる。ケースによって一時保護のされ方もさまざまであり，たとえば学校からの下校のタイミングで急に児童相談所へ連れていかれた子どもは，家族とお別れできないまま，自分の大切にしていた物を家に残したまま突然保護されるのである。親は児童相談所による唐突な「連れ去り」に憤り，施設への措置などの決定にも納得せず児童相談所に敵意を抱くことも少なくない。

親子分離は，子どもも親もネガティブな体験であり，完全分離した親子がどのように関係を再構築していくかといった**「家族再統合プロセス」**が課題となる。

菅野（2017）によると，家族再統合は「家族から引き離された子どもとその家族が家庭復帰するといった物理的な再統合を目指すこと」といった従来の定義に加え，「家庭復帰しない者も含めて子どもと家族との間に心理的な相互作用が生じ，交流を通した良質な体験を深めることで，子どもと家族が互いに心理的に受け入れるプロセスのこと」と再定義している。

●児童養護施設での親子関係を再構築するステップ

児童養護施設では，施設で生活しながら週末や学校の長期休暇などを利用して①**面会**，②**外出**，③**一時帰宅（外泊）**の3つのステップで親子関係の改善や家庭復帰のタイミングを模索することになる。

「面会」はたいてい施設の面接室にて短時間で行われる。ワンウェイミラーやカメラがあるような面接室であれば，一度退席したケアワーカーが別室で親子関係をモニタリングし，子どもへの接し方についてフィードバックを行う。施設内に宿泊室があれば，親子で宿泊し慣らしていくこともできる。

「外出」は，施設に迎えに来た親と一緒に施設の近隣へ食事に出かけることや公園へ遊びに行くことを通して交流を深めていく。

「一時帰宅」になると，日帰りで自宅へ帰宅するところから試し，徐々に1泊での帰宅や，学校の長期休暇中になると1〜2週間の帰宅になることもある。

　並行して児童相談所が実施する**家族（親子）再統合プログラム**に参加する親子もいる。しかし，児童相談所へ定期的に通所しなければならず，自宅から児童相談所が近距離であることも稀であるため，モチベーションの高い親でなければ難しい。

●「一時帰宅」による悪影響

　実際のところ，一時帰宅が繰り返され，親側に子どもを受け入れる環境が整い，家庭復帰するケースばかりでない。一時帰宅による子どもへの悪影響（Figure 13-1）として，親の精神疾患の影響や不規則な生活，親が一時帰宅の時間帯を守れないことなどによる不安定な帰宅ペース，母子の共依存が強まるなどの課題が示唆されている（菅野，2017）。また，一時帰宅中に一人で過ごすことが多い子どもも存在する。施設のケアワーカーや児童相談所の児童福祉司は，一時帰宅の実際の様子を観察することができないため，子どもや親の語りから察しながら**関係調整**をしていくしかないのが現状である。

●家族の変化

　子どもが保護される前と後で家族に大きな変化が起きていることもある。親の離婚では，虐待加害者である親が家庭を離れたことで安全な環境になり，家庭復帰への期待が高まることもある。親の再婚では，親の新たなパートナーによる DV や子どもへの虐待のリスクが高まる懸念，再婚相手に子どもがいることで新たなきょうだいの登場に困惑することとなる。ケースの中には，家庭復帰を目指して親子交流していたものの，親の急死で帰宅する場がなくなり，社会的自立に向けたケアにシフトチェンジする子どもも存在する。

●ケアワーカーによる関係調整

　施設で子どもへの日常的なケアを行っているケアワーカーは，子どもと親の関係改善に努めるだけでなく児童相談所の児童福祉司と連携をとりながら，親からの突然の申し出や来所などにも柔軟に対応していくことが求められる。

　子どもが心理的に成長するにつれて親の状況が理解できてくることもあれば，これまで認識できなかった親の精神疾患に戸惑うこともあるため，子どもの年

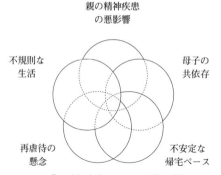

Figure 13-1 「一時帰宅」による悪影響（菅野，2017）

齢や理解力に応じたフォローを行うことになる。親に対しては，施設に預けたことで子どもへの関心を低めてしまわないように，学校や施設の行事への参加を促すこともある。児童相談所に不信感を募らせている親には，児童相談所の立場や役割を伝え，関係改善を図っていく（Figure 13-2）。

●強引な引き取り要求

　一時保護中の子どもや児童福祉施設に入所中の子どもの場合，親からの**強引な引き取り要求**も行われやすい。実際，子どもの権利擁護を最優先した対応ができず，親の意向を追認してしまうことで，家庭復帰後に虐待行為が再発し，再び保護される事案も起きている。そのため，強引な引き取り要求に対して，弁護士の助言を得ながら毅然とした態度で臨む姿勢が求められる。また，引き取り後の全てのケースを追跡したフォローアップ体制が不十分であることから，引き取り後の効果検証も重要となる。

●児童養護施設の子どもの３つの退所パターン

　児童養護施設の子どもは，①家庭復帰，②社会的自立，③措置変更の３つの退所パターンがある（Figure 13-3）。順調に家庭復帰する子どもだけでなく，家庭復帰することで再虐待のリスクや家庭環境の悪影響が懸念される場合，高校を卒業するまで施設に残り，**社会的自立**に向けて準備を行うことになる。ま

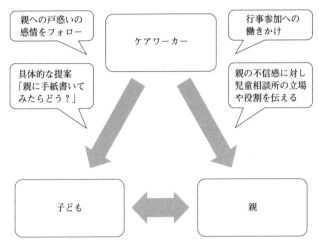

Figure 13-2　親子の関係調整の例

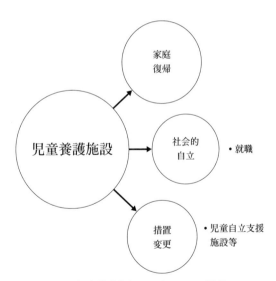

Figure 13-3　児童養護施設における3つの退所パターン

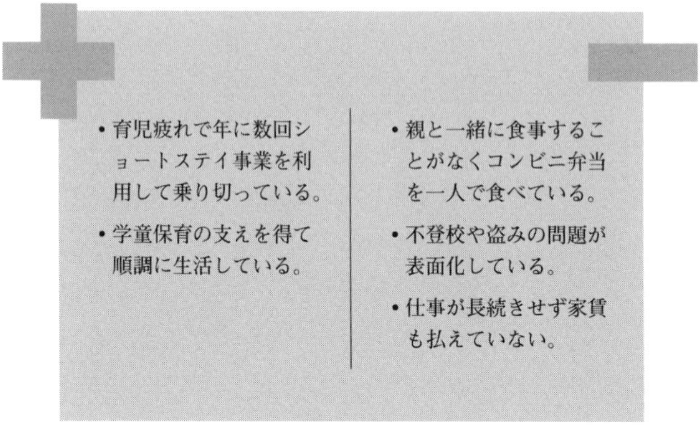

Figure 13-4　退所後の経過の一例（菅野，2017）

た，施設内外での逸脱行動や非行行為がひどくなると再び児童相談所へ一時保護され，児童自立支援施設への**措置変更**となることもある。児童養護施設では，集団生活をとっているため，たとえば同じ施設で生活する他児が性被害を受けるような事案になると施設内ケアに限界が生じてしまうのである。

　たびたびの措置変更は，子どもにとっての**パーマネンシー**（永続的なケア）を妨げ，安定した中・長期的な支援者との関係性を築くことを難しくさせる。また，親と施設との関係構築も振り出しに戻ってしまうことから，子どもが加害者だったとしても心理的負担を伴う。

●**施設を退所した後の経過**

　家庭復帰や社会的自立をした後の経過の一例を示した（Figure 13-4）。育児疲れで**ショートステイ事業**を利用しながら育児を乗りきっている家庭の様子や学童保育の支えを得ているケースがある一方で，親と一緒に食事せずコンビニ弁当を一人で食べている，不登校や盗みの問題，仕事が長続きせず家賃も払えないといった課題も報告されている（菅野，2017）。

●**進学率の低さと離職率の高さ**

　大学等への進学率は一般家庭では約6割であるが，児童養護施設を退所した高校生では約3割となっており，約6割が就職している。しかし，そのうち約

4割の者が3年で離職している（ブリッジフォースマリル，2018）。そのため，低賃金でお金の管理も思うようにいかず生活に困窮している者も少なくない。

　児童相談所や児童福祉施設の対象年齢は18歳未満のため，離職後に公的なサポートが得られにくい現状もある。児童養護施設では，職員の平均勤続年数が約7年と他業種よりも離職率が比較的高いこともあり，子どもが退所してまもなく信頼のおける職員を頼って施設に出向くと，すでに退職してしまっているようなこともある。

● 児童福祉施設で育ち自立した者へのアフターケア

　施設を退所しても住宅を借りるための保証人がいないことや，携帯電話を購入できないなどといった未成年ならではの問題も起きる。また，職場での不適応やトラブルなどで離職する者もいる。社会的養護におかれた子どもが原則として18歳になると児童福祉法の対象外になり，公的支援としてアフターケアが行き届かない実情がある。そこで，千葉県では児童福祉施設の協同組合として「千葉県若人自立支援機構」が2011年に立ち上がり，保証人不要の住宅の提供や資金の無担保，無保証による低利貸付，就職の相談などを行ってきた（2020年5月に解散）。

　栃木県でも2013年に「とちぎユースアフターケア事業協同組合」が設立され，生活相談をはじめとして，弁護士による法律相談の支援，**自助グループ**としてのサロン活動や交流の場の提供を行っている。また，生活資金の貸付や大学等進学のための給付を行っている。さらに，キャリアカウンセラーが常駐し，**生活支援**と**就労支援**をワンストップで行っている。

引用文献

菅野　恵（2017）．児童養護施設の子どもたちの家族再統合プロセス─子どもの行動の理解と心理的支援─　明石書店
ブリッジフォースマイル（2018）．全国児童養護施設調査2018─社会的自立と支援に関する調査─

III　実践編①　家族の変化で家庭復帰に戸惑う女児の事例

1．事例の概要

対象児：Ｖさん（小学6年生女児）

家族構成：母親，長男（高3），長女（本人），次男（小3）

生育歴：本人が小学3年生のときに，母親への父親からのDVが深刻化した。母親が警察に相談したことがきっかけとなり，Ｖさんが父親から性的虐待を受けていたことも発覚しました。そのため，警察が児童相談所へ通告し，一時保護を経て児童養護施設へ入所しました。その後，母親は父親と離婚し，親権は母親に帰属しました。父親と離婚したことで家庭復帰する方向で話を進めていましたが，母親は子連れ（中3男子，小6男子）の男性と再婚し，母親は再婚男性の間の子を妊娠したため，家庭復帰のタイミングは一時帰宅を繰り返しながら見極めることになりました。

現在の様子：母親からは，「（虐待加害者である）実父と離婚したのでＶを引き取ります」と再三の申し出があります。しかし，Ｖさんは「一時帰宅すると，自分だけ家族じゃないような気がする」，「新しいお父さんがなんとなく怖い」と家庭に戻ることに不安を抱えています。

2．事例検討

　Ｖさんが不安を抱えていることはわかりましたが，Ｖさんから主に何を聴き取っていけばよいでしょうか？　また，家族の関係調整をどのように進めていけばよいでしょうか？

3．解説

●児童福祉施設措置中の家族の変化

　虐待加害者である親が離婚し，再虐待のリスクが排除されることがある。しかし，親の新たなパートナーの存在が子どもにポジティブに働くこともあれば，子どもを脅かすこともある。特に子連れの再婚では，異母きょうだいからいじめや性的な被害を受けるケースもあり，注意が必要である。さらに，再婚相手との新たな子どもの誕生で，きょうだい間差別が起きやすくなる。家族の状況の把握に限界もあるため，子どもへの聞き取りや不安な様子を察しながら対応していかなければならない。

●子どもに尋ねる際のポイント

　本事例では，「なぜ『自分だけ家族じゃないような気がする』と感じたのかな？」，「なんで『新しいお父さんがなんとなく怖い』の？」といったクライエントの言葉から子どもの本心を探っていきたい。実父から性的虐待を受けていることで男性に対する恐怖心が根底にあると考えられるが，施設の男性職員や小学校の男性教諭も怖いのか，それとも新しいお父さんにだけ怖さを感じとれるのか，といった詳細も語れる範囲で尋ねてみるとよい。その際に，過去のトラウマに直面化する作業になるため，トラウマに接触する部分を心理療法担当職員などに委ね，役割分担しながらケアしていけるとよい。

●親からの引き取り要求への対応

　母親は妊娠中のため，現実的に4人の育児をしながらVさんを引き取ることに限界もある。再婚相手は育児に協力的であるのか，周囲からのサポートとして祖父母など頼れる人がいるのかといったことも丁寧に確認していきたい。また，Vさんのさまざまな葛藤を，支援者がVさんの代弁者として母親へ伝え，再虐待のリスクがないということだけで家庭復帰を判断することがないように，Vさんの意向に沿って支援する必要がある。

IV　実践編②　実父との再会や社会的自立への不安を抱える高校生の事例

1．事例の概要

あなたは児童養護施設の心理療法担当職員です。ある日，ユニットのケアワーカーから高校3年生になったばかりのWくんについて相談を受けました。精神疾患で長期入院中の母親には頼ることができない状況にあり，高校卒業後は社会的自立をするしかありません。

ところが，最近になって10年以上も交流していなかった実父から手紙があり，Wくんに会いたいと言ってきたことで本人は大きく動揺しているとのことです。Wくんが幼児のときに両親は別居し，その後母親が一人で仕事と育児で苦労し，心の病を患い入院した経緯があります。その当時の寂しい気持ちがよみがえり，実父への怒りの感情や再会への迷い，長く生活していた施設との別れ，就職や一人暮らしへの不安など，さまざまな感情が交錯し不安定になっていることから，本人に心理面接を提案すると希望したこのことです。

2．事例検討

(1) あなたは初回面接で，上記の情報以外に把握したいことをあげてみてください。

(2)　心理面接を継続することで，実父に対する怒りの感情だけでなく，幼少の頃に遊んでもらったよい思い出も語られるようになりました。しかし，実父から再度「Wの部屋を用意して待っている。お母さんから了承も得た。だから一緒に住まないか？」といった手紙が届き，来週久しぶりに施設で面会することになりました。一方，就職活動も本格化しましたが，業種で迷っているようです。

　さて，実父との関係性のテーマと進路の悩みのテーマを同時並行で扱う状況になってきましたが，あなたであればどのようにアプローチしますか？

(3)　実父と急に同居することは難しいと決断し，退所後も実父と交流を続けることになりましたが，施設を退所してからも不安なので心理面接を受けたいと希望しています。しかし現状では退所者よりも入所中の子どもへの対応が優先になり，対応できない状況です。退所した子どもの心の支援の視点から，アフターケアの望ましいあり方についてアイデアを出してください。

3．解説

●ゴール設定

　Wくんがケアワーカーから心理面接をどのように提案されたかということや，提案されてどのような心境になって希望することにしたのかといった来談経緯を尋ねることは必須である。加えて，残りわずかな施設での生活で，心理面接ではどのような場になればよさそうか，一緒に検討しながらゴールを設定していく。「もやもやした気持ちをここで整理をしていくのはどうかな？」とこちらから提案してもよい。

●事前情報の裏づけ作業

　ケアワーカーから事前に聞いていた情報と本人の訴えにずれが生じることもあるため，丁寧に本人の訴えを確認していく必要がある。本人が実父との再会に迷う気持ちを扱いたいということであれば，どのような内容であったのか，実際の手紙を面接の場で確認していく方法もある。

●周囲のサポートを受けるきっかけ

　キャリアカウンセリングの分野も得意な心理職であれば進路相談に特化した対応ができるかもしれない。しかし，高校の学級担任や進路指導部の教師の協力を仰ぎ，いろんな人からサポートを受けられるきっかけを与えていくほうが，本人にとって望ましいこともある。また，実父のパーソナリティにもよるが，実父に進路のことを相談するなかで親子の信頼関係を築いていくように方向づけることが可能かもしれない。

●心のアフターケア

　児童養護施設では家族の関係調整や退所した子どものアフターケアも含めて家庭支援専門相談員が配属されている。しかし，退所した子どもの心のアフターケアに特化した人材が整備されていないことは，今後の課題である。

Ｖ　復習テスト

No.	質　問	解答欄
1	家族再統合は，家庭復帰のような物理的な再統合と，子どもと家族が互いに心理的に受け入れる心理的な再統合とがある。	
2	児童相談所で行っている家族再統合プログラムは，親だけの参加になる。	
3	親からの強引な引き取りへの要求には，毅然とした態度で臨む必要がある。	
4	たびたびの措置変更は，子どもにとってエージェンシーを妨げることになる。	
5	家庭復帰した子どもの育児に疲れた親には，ショートステイ事業を利用するように提案することもある。	
6	社会的養護におかれていた子どもたちは，最大22歳まで公的サポートを受けられる。	
7	施設を退所した子どものアフターケアの団体では，就労支援や自助グループも行っている。	

コラム13　少年野球を通した父子の交流

　ある地域の少年野球やサッカーチームでは，「父コーチ」という名称で父親も練習に付き添い，審判やグランド整備などを手伝うところもある。父コーチのなかには経験者もいれば未経験の者もいる。そこでは，いろんな職歴や価値観をもった父親がかかわり，子どもたちは多様な価値観を身につけるよい機会になっているのである。

　以前，児童養護施設で調査をしていたときに，児童養護施設を退所した子どもを引き取った父子家庭の父親が少年野球に父子で参加し，チームのメンバーに支えられながらなんとか子育てをしているという報告をきいた。

家庭は密室になりがちで，特有の価値観に偏りやすい危うさがある。地域の人とスポーツでの交流を通して子どもを育むことは，育児バランスを修正する機能もあると実感している。

復習テストの解答

1 ○

2 ×　誤「親だけの参加になる」→正「親子での参加となる」

3 ○

4 ×　誤「エージェンシー」→正「パーマネンシー」

5 ○

6 ×　誤「最大22歳まで公的サポートを受けられる」→正「18歳未満しか公的サポートを受けられない」

7 ○

第14章　DV，高齢者虐待

I　事前学習

☐　新聞記事をチェック！

面前 DV 認知件数増加 子どもの心の傷，深刻

　DV 被害者らを保護する山口市の母子生活支援施設・沙羅の木の岩城克枝施設長は「ここに来る子どもたちの多くが面前 DV を受けている。目の前でお母さんがお父さんに殴られるというのは，子どもにとってものすごいショックだ。赤ちゃんでも最初能面のように，全く笑わない子もいる」と語る。

　県警人身安全対策課の宮武宏之次長は「以前は『夫婦げんかは民事不介入』という空気があったが，今は通報で駆け付け，近くに子どもがいたら『面前 DV にあたる』と説明する。暴力を見て育った子どもは，自身も暴力を振るってしまう可能性がある」と憂慮する。

　問題は暴力の連鎖にとどまらない。福井大子どものこころの発達研究センター（福井県）の友田明美教授によると，小児期に両親間の DV を長期間目撃した人の脳は視覚野が萎縮し，目から入る情報の処理能力が弱り，知能や学習力が低下する可能性があるという。友田教授は「面前ＤＶが子どもの脳に与える影響の大きさは，養育者である親への支援の必要性を示している。親を指導したり処罰したりするのではなく，サポートするシステムが必要だ」と指摘する。

（毎日新聞地方版山口／2018 年 10 月 8 日より引用）

☐　あなたの住む都道府県や市区町村の DV 相談窓口をチェックしてみよう！

　　Web 検索キーワード： あなたの住む地域名　DV 相談

☐　事前学習に役立つオススメの書籍

　　石井朝子（2009）．よくわかる DV 被害者への理解と支援　明石書店
　　倉田康路・滝口 真（監）（2011）．高齢者虐待を防げ　法律文化社

II　基礎編

● DV（ドメスティック・バイオレンス）とは

DV（ドメスティック・バイオレンス；domestic violence）は，配偶者や親しい関係の人から加えられる暴力のことを指す。和訳すると「家庭内の暴力」であることから，DV と虐待はしばしば混同されて用いられてきた。諸外国では IPV（Intimate Partner Violence）の呼称で広まっており，訳すると「親密なパートナー間の暴力」となる。近年 DV の概念が拡大解釈され，恋人の間における暴力も「デート DV」といわれるようになっている。

なお，日本の内閣府が 3 年ごとに行っている調査によると，平成 29 年度意識調査では，女性の 31.3% がパートナーから DV を受けた経験を有していることを明らかにしている。

● DV の種別

DV の種別として「身体的暴力」「心理的暴力」「性的暴力」「経済的暴力」の 4 種類があげられる（Table 14-1）。虐待種別とほぼ類似しているが，DV 特有の内容もみられる。たとえば，「心理的暴力」にみられる「自殺する」といって脅す行為や友人関係の制限，携帯電話を無断でチェックするなどである。また，「性的暴力」では強制的な性行為や，避妊をしないことなども含まれる。

● DV のサイクル

DV は「緊張期」「爆発期」「ハネムーン期」の 3 つのサイクル（Figure 14-1）を繰り返すのが特徴となる。まず緊張期は，加害者の機嫌が悪くなりはじめる時期である。徐々に加害者が激しい暴力を振るうようになる（爆発期）。その後，加害者が謝罪し「オマエがいないとだめだ」と求め優しくふるまう（ハネムーン期）。このサイクルを繰り返すことで被害者は正常な判断ができなくなり，間違ったことでもパートナーの考えを優先し，要求に応えようとするような支配―従順関係から抜け出せなくなるのである。

● DV の相談機関，支援機関

DV の相談機関は以下の通りである（Table 14-2）。東京都の配偶者暴力相談

Table 14-1　DV の種類と主な内容

DV の種別	主な内容
身体的暴力	殴る，蹴る 髪の毛をつかむ 物を投げつける
心理的暴力	暴言，威嚇 繰り返し批判する，否定する 無視する 「自殺する」といって脅す 殴る真似をして脅す 友人関係を制限する 携帯電話を無断でチェックする，アドレスを消す
性的暴力	強制的に性行為をする 避妊をしない 性行為の動画を無理やり見せる
経済的暴力	強制的に仕事をさせる・仕事を辞めさせる お金を貸しても返さない

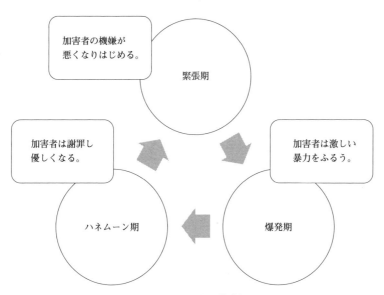

Figure 14-1　DV のサイクル

Table 14-2　DV 相談機関

配偶者暴力相談支援センター	電話相談のほかに女性弁護士による法律相談，精神科医による面接相談も行っている。また男性のための悩み相談ダイヤルも設けられている（東京ウィメンズプラザの場合）。
内閣府　　DV 相談＋（プラス）	メール相談，チャット相談を受け付けている。
警視庁総合相談センター	＃ 9110 で内容に応じて専門の相談窓口につながる。なお，性犯罪被害者相談電話は ＃ 8103 である。
市町村 DV 相談窓口	女性相談窓口で DV だけでなく夫婦関係や離婚の相談にも応じるところが多い。児童相談所が DV 相談を受け付けている地域もある。

支援センター（東京ウィメンズプラザ）では，女性弁護士や精神科医による相談，男性向けの相談窓口を設置している。内閣府では，チャット相談を導入し，警視庁では性犯罪被害者相談電話も設けている。

　DV 事案の相談者の最近の傾向として，約 8 割が女性であり，30 歳代が最も多く全体の 30% であり，次いで 20 歳代と 40 歳代がそれぞれ 24% となっている。相談しても DV のサイクルを繰り返し加害者への依存性を高め，関係を断ち切る決断ができず相談を中断させてしまうケースもある。

　DV のシェルター的な機能として，子どもも虐待を受けている場合などは母子生活支援施設がある。また民間の**シェルター**は全国に約 120 か所存在し，被害者の自立支援なども行っている。これらを利用するには，DV 相談窓口を通じて手続きがなされる。

●高齢者虐待，障害者虐待

　児童虐待防止法が 2000 年に施行され，4 つの虐待種別が定義されたが，2006 年の高齢者虐待防止法，2012 年の障害者虐待防止法では従来の 4 つの種別に加えて**経済的虐待**が示された（Table 14-3）。

　児童虐待の通告ダイヤルは "189" として定着しつつあるが，高齢者虐待の通告・相談ダイヤルは地域包括支援センターや市町村の高齢者相談窓口であり，障害者虐待では市町村の障害者虐待防止センターもしくは都道府県の障害者権利擁護センターとなっている。しかし，いずれも通告・相談ダイヤルは 3 桁化されておらず，地域の該当するダイヤルを探しにくいのが課題である。埼玉県

Table 14-3　高齢者虐待，障害者虐待

虐待種別	主な内容
身体的虐待	殴る，蹴る，つねる 正当な理由のない身体拘束
性的虐待	わいせつな行為をしたりさせること
心理的虐待	脅迫や侮辱など
ネグレクト	介護や世話をしない 適切な食事を用意しない
経済的虐待	年金や財産を搾取する 不正に土地を売却する

では，児童虐待，高齢者虐待，障害者虐待のダイヤルを一本化した"＃7171"を2018年から開設している。

　高齢者虐待や障害者虐待は，家族による虐待だけでなく，介護施設従事者や支援者による施設での虐待も顕在化するようになった。特に，高齢者虐待の背景として，認知症への理解不足から虐待行為に発展する傾向にある。

● **認知症の理解**

　ここで認知症について触れていきたい。認知症には**アルツハイマー型認知症**（AD），**レビー小体型認知症**（DLB），**前頭側頭葉変性症**（FTLD），**血管性認知症**（VaD）の4タイプがある。

　アルツハイマー型認知症は，認知症の7割を占める最も多いタイプである。記憶機能の障害を主症状とし，古い記憶は覚えているものの最近の記憶を想起できなくなる。やがて時間や場所の感覚がなくなり，寝たきりの症状も目立つ。

　レビー小体型認知症は，レビー小体が大脳皮質に多数発生するタイプである。早期から**幻視**（本来であれば見えないものが見える）や動作緩慢，小刻み歩行などの歩行障害がある。

　前頭側頭葉変性症の下位概念として，①前頭側頭型認知症（FTD），②進行性非流暢性失語症（PNFA），③意味性認知症（SD）に分けられる。大脳の側頭葉，前頭葉の萎縮がみられ，本人に病識（病気を認識すること）がないことが特徴である。前頭側頭型認知症はさらに前頭葉変形型，ピック（PiD）型，

運動ニューロン疾患型の3つに分類される。ピック型では, 万引きや痴漢行為などの**反社会的行為**, 常同行為 (同じ言動を際限なく繰り返す), 衝動的行為, 易怒性などの行動上の問題で介護が破綻する場合が多いとされる。

　血管性認知症は, 脳梗塞や脳出血, くも膜下出血などによって引き起こされる。アルツハイマー型を併発することもある。脳の障害部位により障害されている能力が混在した「まだら認知症」や感情のコントロールができず泣く, 怒るといった「**感情失禁**」が特徴である。

　他には, 認知症の一歩手前の状態として**軽度認知障害** (MCI) がある。認知機能の低下の例として, 「いつ」「どこで」など一歩踏み込んだ内容になると想起できなくなるといった記憶の低下や, 同時に2つの動作ができなくなるといった遂行力の低下がサインとなる。そのため, 厚生労働省による新オレンジプラン (2015) では, 早期発見や早期介入など予防の重要性を指摘している。

●認知症の中核症状と周辺症状

　認知症の**中核症状**は, 記憶障害, 見当識障害 (時間や季節, 場所などがわからなくなる), 実行機能障害 (物事を計画して行動できない), 失語 (言語機能の低下)・失認 (認知機能の低下)・失行 (動作機能の低下) などである。また, **周辺症状**として **BPSD** (Behavioral and Psychological symptoms of dementia) があげられる。

　BPSD は, 認知症の行動・心理症状を指し, Figure 14-2 にみられるような症状が毎日あるいは週に数回出現することで介護破綻や虐待につながりやすい。ぼけ予防協会 (2008) の調査によると, 妄想 (物を盗られるなど), 攻撃的言動, 睡眠障害, 幻覚, 徘徊, 抑うつ, 不安, 介護への抵抗の順に多くみられる。

　これらの中核症状と周辺症状に対応する家族や施設の介護従事者は, 認知症の症状であることを理解していたとしても感情的に反応しやすい。地域の介護サービスを活用できず介護の問題を抱え込んでしまう家庭は, 虐待のリスクも高まりやすい。今後, 介護施設や地域包括支援センターに公認心理師を常駐させ, 介護ストレスの軽減に寄与しうるような心の支援の発展が期待される。

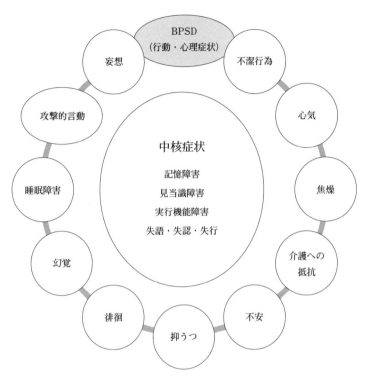

Figure 14-2　認知症の中核症状と周辺症状

引用文献

ぼけ予防協会（2008）．認知症の「周辺症状」（BPSD）に対する医療と介護の実態調査と
　　　BPSDに対するチームアプローチ研修事業の指針策定に関する調査報告書
内閣府男女共同参画（2017）．「女性に対する暴力」に関する調査研究　Retrieved from
　　　http://www.gender.go.jp/policy/no_violence/evaw/chousa/h29_boryoku_cyousa.html
　　　（2020年7月14日）

III　実践編①　DV のサイクルの実際

1．事例の概要

> 　夫は仕事がうまくいかなくなると，自宅でいらだつようになります。
> 　妻がスマホで LINE をしていると「誰と LINE してるんだ。オレの前で
> は止めろ」と言って妻を殴るふりをしてスマホを奪い，壁に投げつけまし
> た。さらに「オマエ浮気してるんじゃないのか？」と興奮しながら LINE
> アプリを勝手に削除しました。
> 　翌日に子どもの育児が大変だったことを夫に愚痴るとしばらく無視され，
> 「ねえ，きいてるの？」と言うと「さっきからごちゃごちゃうるせえんだ
> よ，暇してるんだったら子どもを保育園に入れて働けよ」と怒鳴りました。
> 夜になると避妊をせず，強制的に性行為をしてきて避妊を求めると殴って
> 髪をつかんできました。
> 　「もう離婚する」と泣いて訴えると，急に「オレが悪かった。オレはオ
> マエがいないとダメなんだ。別れるなら自殺する」と言ってきたので，自
> 分が求められていることを知り，自殺されたら大変なので「わかった。別
> れないから安心して」と伝え，夫は優しくなりました。

2．事例検討

　上記の文章で DV 行為に該当する内容が何か所あるか，書き出して数えて
みましょう。

3．解説

● DV 該当箇所の確認（13 項目）

「誰と LINE してるんだ。オレの前では止めろ」（行動制限）

「妻を殴るふり」（威嚇）

「スマホを奪い」（暴力）

「スマホを壁に投げつけました」（威嚇）

「LINE アプリを勝手に削除」（行動制限）

「しばらく無視」（心理的暴力）

「さっきからごちゃごちゃうるせえんだよ」（暴言）

「暇してるんだったら子どもを保育園に入れて働けよ」（働くことの強要）

「怒鳴りました」（心理的暴力）

「避妊をせず」（性暴力）

「強制的に性行為」（性暴力）

「殴って髪をつかんできました」（暴力）

「別れるなら自殺する」（脅し）

●行動制限と支配性

　行動制限を行い，指示に従わなかった場合に暴力や制裁を加えることで相手をコントロールするようになり，支配性が徐々に高まってくる。「学習性無力感」の原理で支配から逃れられないことに無力感を抱え，助けを求めようとせず，またアウトリーチに応じないことも多い。被害者が異常な環境におかれることで冷静な判断ができなくなり，支援を難しくさせることもある。

IV　実践編②　認知症が関連する高齢者虐待の事例

1．事例の概要

　　都心で長く勤めていた会社を 58 歳で早期退職した G さん（女性）は，穏やかな性格で会社では社交的で部下から慕われる存在でした。しかし，仕事に専念してきたためこれといった趣味もなく，退職した後は自宅でテレビを観て過ごしていました。夫は 60 歳を過ぎてから再雇用で働いていました。

　　G さんは徐々に昼夜逆転生活になりました。甘いものはそれ程食べないほうでしたが，羊羹などの甘いお菓子を好んで食べるようになりました。23 時になると「散歩に行く」というようになり，夫が「遅いから明日にしたら」と引き留めると激しく怒り出し，周りのものを投げつけて出ていきました。そして，いつも必ず同じ道を通って帰ってきました。素行の悪さは自宅以外にも及び，「バスの運転手の態度が悪い」と運転席の近くを蹴り，警察に通報されてしまいました。さらに，スーパーで会計せずお菓子をお店の外へ持ち出したと連絡があり，G さんは「会計したつもりだった」と話しています。夫は妻の変化に戸惑っていましたが，退職した後に何もすることがなくなったことでストレスを抱えていると考えています。

2．事例検討

(1) G さんの言動から，認知症を疑うとすればどのタイプだと考えられますか？　タイプとその理由を述べてください。

(2) 今度はGさんがコンビニで会計しないままドリンクを店外へ持ち出して店長から連絡がありました。Gさんは「会計したと思っていた」と話し、警察への通告はされず厳重注意を受けました。Gさんの夫はストレスがひどくなったと思い込み、公共施設のメンタルヘルス相談窓口に駆け込んで公認心理師のあなたに相談しました。

　さて、あなたはGさんの夫へどのように助言するでしょうか？

(3) 夫はGさんの変化を受け入れられずにいました。公認心理師から認知症の可能性を指摘され、認知症外来への受診を勧められましたが、まだ受診に至っていません。すると、しだいにGさんの夫への暴言がひどくなり、夫は耐えられなくなってGさんを殴ってしまいました。

　Gさんは再びメンタルヘルス相談窓口に来談し、あなたに一部始終を話しました。さて、あなたはGさんの夫をどのように支援していけばよいでしょうか。

3. 解説

●認知症の疑い

　本事例は前頭側頭型認知症のピック（PiD）型の疑いがある。穏やかな性格の者が, 突然に易怒性を高め, 食行動の変化, 散歩の時間やルートの常同行動も確認された。バスの運転手への暴行や万引きといった反社会的行為は脱抑制による症状と考えられる。

●家族の戸惑い

　認知症というと「もの忘れ」の印象をイメージし, 60 歳に満たない年齢で, しかもピック病の症状は家族からすると現実的に受け入れがたい。まずは家族の苦労をねぎらい, 医療受診に抵抗感を抱くようであれば, 認知症や BPSDの基本的な知識を図なども交えてわかりやすく説明できるとよい。

●虐待を含めた相談への対応

　まずは地域包括支援センターが力になってくれることを伝え, 公認心理師から地域包括支援センターへ連絡することの同意を得たい。併せて, 認知症専門外来で検査を受け, 医師の判断を仰ぐのがベストであることを繰り返し伝えたい。そのうえで, 介護サービスの利用など, 多くの人のサポートを得られるように方向づけていきたい。地域包括支援センターにつなぐことで, 包括的, 集中的に自立生活のサポートを行う「認知症初期集中支援チーム」の派遣を求めたい。

V　復習テスト

No.	質　問	解答欄
1	日本では「デートDV」のようにDVが拡大解釈されるようになったが，諸外国では「PDV」の呼称のほうが用いられている。	
2	DVの種類にある「性的暴力」では，強制的な性行為のみを指す。	
3	DVは，「緊張期」，「爆発期」，「ハネムーン期」の3つのサイクルを繰り返し，支配‐従順関係から抜け出せなくなる。	
4	DVの相談窓口として，配偶者暴力相談支援センターがあるため，警察は相談窓口を設けていない。	
5	高齢者虐待や障害者虐待有の虐待種別として，「経済的虐待」がある。	
6	前頭・側頭葉認知症の3タイプのうちのピック病は，幻視が主な症状である。	
7	認知症の中核症状は，行動・心理症状（BPSD）を特徴とする。	

コラム14　認知症サポーター

　私は生まれ育った地元で，子どもの頃から伝統芸能祭囃子を続け，高齢者施設への慰問に毎年訪れている。和装でお面をかぶって太鼓と笛にあわせて踊りながら，途中で舞台から降りて高齢者のもとへ近づき握手をして練り歩くのである。近寄ると高齢者の表情が急に和らぎ，握手をした手を離さない方や，「ありがとう，ありがとう」といって何度も感謝してくれる方もいた。しかし，子どもの頃に怖かったのは，ずっと無表情で手を差し出しても反応せず手を払いのける高齢者がいたことである。今から思い返せば認知症を患っていたのではと思われるが，大人になってから認知症

の理解を深める講座を受けたことで，より関心が高まった。

　以前，認知症ケアの従事者に大学の授業で「認知症サポーター養成講座」をしていただいた。受講すると，認知症サポーターのグッズであるオレンジリングが手渡されるのだ。児童虐待防止と同じオレンジカラーである。各地域で養成講座を行っているため，ぜひ受講し認知症への理解を深めていただきたい。

復習テストの解答

1 ×　誤「PDV」→正「IPV」

2 ×　誤「強制的な性行為のみ」→正「強制的な性行為以外にも避妊をしないなども含まれる」

3 ○

4 ×　誤「警察は相談窓口を設けていない」→正「警察も相談窓口を設けている」

5 ○

6 ×　誤「幻視」→正「反社会的行為，多動，常同行為，反響言語，衝動的行為，易怒性など」

7 ×　誤「中核症状」→正「周辺症状」

第15章　福祉に関連する法律，制度

I　事前学習

☐　新聞記事をチェック！

> **懲戒権って何？　子を戒める権利　虐待の口実にする例も**
>
> 　児童虐待のニュースで，「懲戒（ちょうかい）権」という言葉を聞いたよ。民法の規定で，親権者が子を戒（いまし）めることを認めたものです。親権者が子どもの非行を正すため，身体や精神に苦痛を加えて懲（こ）らしめることができるとして，1898（明治31）年，明治民法に規定されました。
>
> Q　「戒める」って，具体的に何をすること？
>
> A　法務省は「厳しく説教するなど一定の制裁を加えること」と説明しています。ただ，実際には，親が「しつけのため」という口実で虐待を正当化し，子どもが死に至る事件も繰り返されています。こうした中，「親が子を懲らしめる権利まで法律に明記する必要があるのか」と削除を求める声が出てきました。（中略）
>
> Q　今後も懲戒権は認められるの？
>
> A　2019年6月に改正された児童虐待対策関連法で，親権者らは，しつけの際に体罰を加えてはならないことが明記されました。懲戒権は「施行後2年をめどにあり方を見直す」という内容も盛り込まれています。
>
> （毎日新聞朝刊／2019年7月3日より引用）

☐　ユニセフの「子どもの権利条約」のページをチェックしてみよう！

　Web検索キーワード： ユニセフ　子どもの権利条約

☐　事前学習に役立つオススメの書籍

　津川律子・元永拓郎（編）(2016). 心の専門家が出会う法律【新版】―臨床実践のために―　誠信書房

II　基礎編

●社会福祉の法律

　社会福祉 8 法とは，生活保護法，母子及び父子並びに寡婦福祉法，老人福祉法，児童福祉法，身体障害者福祉法，知的障害者福祉法，社会福祉法，社会福祉・医療事業団法を指す。

　身体障害者福祉法，知的障害者福祉法，精神保健福祉法の 3 法は，これまで障害の種別で個別に規定されていたが，2012 年の**障害者総合支援法**の制定によって障害者の福祉サービスが一元化された（Figure 15-1）。

●児童福祉 6 法

　児童福祉に関連する法律は「児童福祉 6 法」といわれ，児童福祉法，児童扶養手当法，特別児童扶養手当法，母子及び父子並びに寡婦福祉法，母子保健法，児童手当法が該当する。

　児童福祉法における児童は，原則「**18 歳に満たない者**」を指すが，母子及び父子並びに寡婦福祉法では 20 歳未満の者となっていることに留意されたい（Table 15-1）。母子及び父子並びに寡婦福祉資金貸付制度として修学資金の貸付を行っている（所得制限あり）。なお，「寡婦」とは配偶者のいない女性を指す。

●虐待防止 3 法

　虐待防止 3 法は，**児童虐待防止法**，**高齢者虐待防止法**，**障害者虐待防止法**である（Figure 15-2）。児童虐待防止法は児童福祉法と同様，18 歳未満が対象である。高齢者虐待防止法は，**65 歳以上**の高齢者が対象となっている。それでは，障害者虐待防止法の対象年齢はどうなるであろうか。障害者虐待防止法は，**18 歳以上 65 歳未満**が対象である。先に述べた児童虐待防止法は障害児を含め，障害者が 65 歳以上になれば高齢者虐待防止法が該当することになる。

●児童福祉法と法改正

　1947 年に制定された児童福祉法は，児童虐待の通告義務（第 25 条），立ち入り調査（第 29 条），裁判所への申し立て（第 28 条）などを定めている。いわゆ

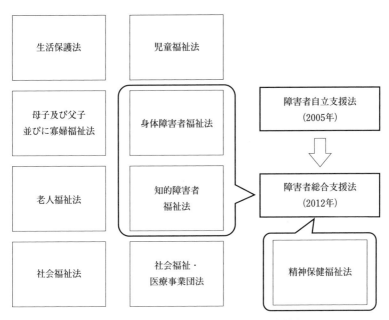

Figure 15-1 社会福祉 8 法と障害者総合支援法

Table 15-1 「児童」の法律ごとの年齢区分（菅野，
2016a を基に作成）

	児 童
児童福祉法	**18 歳未満**
母子及び父子並びに寡婦福祉法	**20 歳未満**
学校教育法	小学生
少年法	―
道路交通法	6 歳以上 13 歳未満
労働基準法	～中学生

る「**28 条審判**」は，深刻な児童虐待などで児童相談所が子どもを児童福祉施設等へ措置させるのが相当と判断したものの，親権者の同意が得られない場合に裁判所の承諾を経て措置する手続きである。2012 年から 2017 年までは毎年250〜300 件の受件がある（最高裁判所，2018）。2020 年の法改正によって，児童相談所の体制強化として弁護士の配置，児童相談所や児童福祉施設の長によ

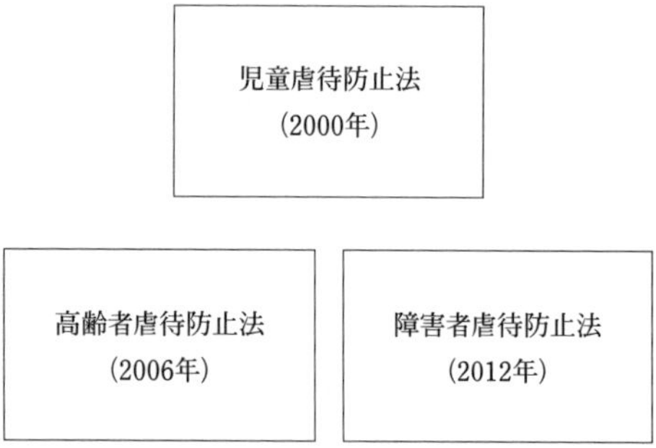

Figure 15-2　虐待防止 3 法

る体罰の禁止などが盛り込まれた。

● 児童虐待防止法と法改正

　2000 年に制定された児童虐待防止法は，児童虐待の早期発見（第 5 条），通告義務（第 6 条），強制調査（第 9 条），警察の介入（第 10 条），保護者の接触制限（第 12 条）などが定められている。2020 年の法改正では，児童相談所の機能強化（第 11 条）として，一時保護などの「**介入**」と保護者の相談に乗る「**支援**」の担当職員を分けることや，児童が転居した場合の措置（第 4 条）にて切れ目のない支援のための情報提供や連携を図ることが加えられた。また，親権者による体罰の禁止が第 14 条に加えられ，下記で述べる「懲戒権」で認められる範囲を超えた行為もしてはならないことが明記された。

● 民法の「懲戒権」をめぐって

　民法には「身上監護権」のなかに「**懲戒権**」がある（民法第 822 条）。簡潔に説明すると，懲戒権とは「親権者は必要な範囲内で子どもを懲戒することができる」といった内容である。ところで「懲戒」とは何であろうか。民法では懲戒の定義が述べられていないが，「新版注釈民法 (25)」（有斐閣）によると，懲戒を「しかる，なぐる，ひねる，しばる」などとされていることから，民法上では必要な範囲内であれば体罰を認めているということになる。しかし，「子の利益のために」と定めた「監護教育権」（民法第 820 条）や児童虐待防止法な

どとの矛盾が生じている。そこで，2020年の児童福祉法，児童虐待防止法の改正で「懲戒権」のあり方を見直すことが附則で加えられたことから，今後の動向に注視されたい。

●国際条約

1989年に国連で採択された児童の権利に関する条約（**子どもの権利条約**）は，日本では1994年に批准された。54の条文からなり，**①生きる権利**，**②育つ権利**，**③守られる権利**，**④参加する権利**の4つに大別される。また，子どもの利益最優先，子どもの意見表明権，自分の親を知る権利，父母から養育される権利などが示されている。

国際的な子の奪取の民事上の側面に関する条約（**ハーグ条約**）とは，国境を越えた子どもの不法な連れ去りや留置をめぐる紛争に対応するための国際的な枠組みに関する条約である。子を元の居住国へ返還することを義務付け，親子の面会交流の機会を確保できるように支援していく。日本は2014年に締約国になり，外務省がハーグ条約に基づき当事者間の連絡の仲介などを担っている。

● DV防止法と保護命令

配偶者からの暴力の防止及び被害者の保護等に関する法律（DV防止法）は，配偶者等からの暴力（DV）にかかわる通報，相談，保護，自立支援の体制を整備し，暴力の防止や被害者の保護を目的とし，2001年に施行された。

「配偶者からの身体に対する暴力又は生命等に対する脅迫」があると**保護命令**の対象になる（第10条）。保護命令には「**接近禁止命令**」，「**子または親族等に対する接近の禁止命令**」，「**電話等禁止命令**」，「**退去命令**」の種類がある（Table 15-2）。

●保護命令の流れ

保護命令の流れをFigure 15-3に示した。まず配偶者からの暴力が発生したのち，**配偶者暴力相談支援センター**または警察署（生活安全課等）へ事前に相談に行き，申立書の書類の準備を行う。管轄の地方裁判所に申し立てを行い，審尋（申立人面接）によって事実関係の詳細を確認する。その約一週間後に相

Table 15-2　DV 防止法による保護命令の種類

種　類	期　間	内　容
接近禁止命令	6 か月	つきまとい行為や自宅，勤務先等の徘徊の禁止
子または親族等に対する接近の禁止命令	6 か月	
電話等禁止命令	6 か月	面会の要求，行動を監視していると告げる行為，無言電話・メールなどの禁止
退去命令	2 か月	住居からの退去および住居付近を徘徊してはならないことの命令

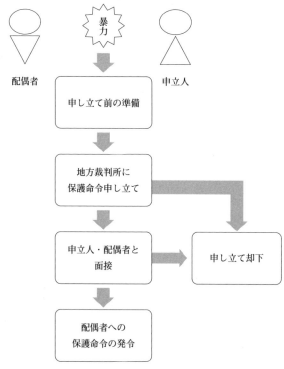

Figure 15-3　保護命令の流れ

手方（配偶者）の審尋が行われる。相手方の審尋には申立人も同席できるが，安全を考慮し代理人に出席してもらう方法がとられる。裁判所が保護命令を発令した後，迅速に管轄の警察へ通知し，相手方に対し保護命令を遵守するように警告することになる。

●児童福祉法に基づく障害児支援

　障害児の支援には，①**入所支援**，②**通所支援**，③**訪問支援**の3種別がある。入所支援は，児童発達支援センターが担い，福祉型と医療型に分類される。通所支援では，児童発達支援，医療型児童発達支援，放課後等デイサービス，保育所等訪問支援の4つに分かれる。訪問支援としては，2018年の法改正で重度の障害等により外出が著しく困難な障害児の居宅を訪問する発達支援が加わった。

　なかでもニーズが高まっている**放課後等デイサービス**は，障害児の学童保育的な居場所機能となりうる。民間事業者の参入で選択肢が広がっており，療育手帳や身体障害者手帳を求めないことからASD（自閉スペクトラム症）やADHD（注意欠如・多動症），SLD（限局性学習障害）などを有する子どもの利用も可能である。

●福祉関連法の今後の課題

　児童福祉法の対象年齢は原則18歳未満であるため，児童福祉の養護的な場から厳しい社会へ放り込まれることになる（菅野，2016b）。そのため，対象年齢の引き上げによって，アフターケアの体制を法的にも整備されることが望ましい。また，高齢者虐待，障害者虐待の通告・相談ダイヤルのわかりにくさから，虐待全般の全国共通ダイヤルの一元化に期待したい。福祉領域全般での心のケアを促進するために，公認心理師などの心理の専門家につながれるようなシステムづくりがますます求められる。

引用文献

菅野　恵（2016a）．児童臨床─児童虐待と子育て支援を中心に─　津川律子・元永拓郎（編）心の専門家が出会う法律【新版】（pp. 96-105）誠信書房

菅野　恵（2016b）．学校と児童福祉の連携．精神科治療学，31(4)，513-517.

最高裁判所事務総局家庭局（2018）．親権制限事件及び児童福祉法 28 条事件の概要 Retrieved from https://www.courts.go.jp/toukei_siryou/siryo/sinkenseigenjihuku28/index. html

於保不二雄・中川　淳（編）（1994）．新版注釈民法（25）親族（5）　有斐閣

Ⅲ 実践編① 法律の側面からの事例検討

1．事例の概要

友人の妹の高校3年生（17歳）の女子Yさんが①「父親が母親に対して言葉の嫌がらせや無視がひどくて離婚し，母子家庭になったばかりで大学に進学したかったけど経済的に厳しい。ひとり親の公的制度を調べたら対象は18歳未満だから私はもうすぐダメみたい」，②「母親は私へのしつけが厳しくてよくたたいてくる。『虐待じゃないの？』というと『しつけは法律で認められている』と言われたけど，それって本当？」，③「父親が頻繁に電話をしてきて怖い。言葉の嫌がらせや無視ってDVじゃないからDVの法律は関係ないよね？」と，①から③について大学生のあなたに相談してきました。

2．事例検討

あなたはこれまで学んできたことを活かし，①から③について助言を行うとしたら何を伝えますか？

①

②

③

3．解説

①母子及び父子並びに寡婦福祉法の対象年齢と公的支援制度

　母子及び父子並びに寡婦福祉法では 20 歳未満が対象になるため，18 歳もしくは 19 歳でも該当することになる。修学資金の貸付制度を利用できれば，私立の大学へ自宅から通学すれば月額約 10 万借りることができる。ただし，前年の所得額が 2,036,000 円以下の者が対象となる。なお，都道府県によって手続き先は異なるが，福祉事務所や福祉センター，市町村の子育て支援課などが窓口となっている。

②法改正と懲戒権の動向

　しつけをすることは違法ではないが，実質的な体罰は虐待にあたる。児童虐待防止法では，虐待を禁止（第 3 条）し，体罰の禁止や懲戒権を超えるしつけをしてはならない（第 14 条）となっている。ただし，民法（第 822 条）の懲戒権の解釈は専門家によって異なるため，民法の見直しが急務である。

③ DV 防止法に基づいた法的措置

　「言葉の嫌がらせや無視」は DV に該当する行為であるため，DV 防止法の対象になる。配偶者暴力相談支援センターへまずは相談し，頻繁に電話をする行為が続くようであれば Figure 15-3 のような手続きに則って保護命令を発令してもらい，「電話等禁止命令」で法的に保護することが可能であることを伝えたい。

Ⅳ　実践編②　父親の母国に連れて行かれた事例

1．事例の概要

　　アメリカ人の父と日本人の母との間に産まれた子どもであるＺさん（中学生女子）は，両親の不仲でしんどい想いをして過ごしてきました。最近になって父親による母親への暴力がひどくなり，離婚を前提に父親が家を出ていくことになりました。しかし，財産分与や親権のことで離婚調停が長びき，父親は「荷物が片づかない」と言って家を出ていこうとしません。その間にも母親への暴力は続き，次第にＺさんの行動にも口を出してくるようになりました。なお，父親は簡単な日本語は理解できますが，日本語を流ちょうに話せません。

2．事例検討

(1)　さて，このままの状態が続くことのリスクを考えてみましょう。また，母子に対してどういった支援が望ましいでしょうか？

(2)　母親が配偶者暴力相談支援センターから助言を得ている最中に，父親はようやく母国のアメリカへ帰ることになりましたが，まだ離婚調停は長びいています。帰国する日になると突然「おまえもアメリカへ行くんだ」，「お母さんだけだと生活できなくなる。ごはんが食べられなくなって困るけどそれでいいのか？」と説得され，アメリカへ連れて行かれました。母親とも友だちともお別

れできなかったため，飛行機のなかでずっと泣いていました。アメリカについてからは，片言の英語であればなんとか話せますが，日本と異なる環境でストレスを抱え，日本で母親と暮らしたい気持ちが強まってきました。ある日，中学校の友だちに協力してもらい，国際電話をかけることができ，母親につながりました。「日本に帰りたい。助けて！」。

パニックになった母親は，中学校にスクールカウンセラーが来ていることを思い出し，公認心理師であるあなたに助けを求めました。

さて，あなたはどのような対応をとりますか？

(3) Ｚさんは外務省を通して無事日本の母親のもとへ戻ることができましたが，トラウマを抱えているためスクールカウンセラーが継続して面接することになりました。あなたはどのように面接を進めますか？

3．解説

●退去命令

　DVだけでなく子どもへの虐待のリスクが高まるため，まずは配偶者暴力相談センターもしくは警察へ相談し，DV防止法に基づき保護命令（退去命令）に向けた手続きを進める必要がある。また，DV行為を子どもに見せているため，面前DVとして心理的虐待の扱いで児童相談所へ通告し，子どもを一時保護するといった流れも想定される。

●ハーグ条約に則った対応

　子どもの利益が最優先にされず，また子どもの意見を表明する機会が与えられないまま連れて行かれたため，「子どもの権利」を無視した行為である。ハーグ条約に基づき外務省を通じて子どもを保護し無事に帰国させるためには，関係者間で連携をとりながら支援を進める必要がある。

　まず，スクールカウンセラーとしては，学校長へ対応の見通しを含めて伝えたい。学校長は教育委員会と対応を協議し，配偶者暴力相談支援センターなどと連携をとりながら，外務省へつなぐ調整役を担うことになるであろう。関係機関が増えることで対応が鈍化しがちだが，迅速に対応していくことが求められる。

●継続的な心の支援

　Ｚさんへの心の支援としては，急に連れ去られたことへの気持ちの整理がつかず，自分のせいでおおごとになってしまったという罪悪感を抱えているかもしれない。DVを目撃してきたことの心理的影響と今回の連れ去りで，複雑性PTSDとなって症状化する可能性もある。これまでの経緯を丁寧に聴きとりながら，継続して時間をかけて心の傷をいやしていくための支援が望まれる。感情がうまく語れない様子であれば，描画や箱庭なども用いたい。なお，箱庭には持ち運び可能な「アウトリーチ箱庭」（メルコム）があり，学校現場で活用しやすい。

Ⅴ 復習テスト

No.	質　問	解答欄
1	2012年の障害者総合福祉法では，障害者の福祉サービスが一元化された。	
2	母子及び父子並びに寡婦福祉法では，対象年齢は18歳未満となっている。	
3	虐待防止3法は，児童虐待防止法，障害者虐待防止法，高齢者虐待防止法の順番で施行された。	
4	2020年の児童虐待防止法の法改正では，「介入」と「支援」で担当職員を分けて対応することなどが盛り込まれた。	
5	民法の懲戒権では，実質的に体罰を認めていることになる。	
6	1989年に国連で採択された子どもの権利条約は，日本もすぐに批准した。	
7	DV防止法による保護命令は，「接近禁止命令」，「電話等禁止命令」，「退去命令」の3つからなっている。	

コラム15　国際離婚のはざまで

　スクールカウンセラーをしていた小学校で，授業中に同級生とトラブルを起こし，教室を飛び出て興奮している女の子がいた。学校での逸脱行動が頻繁に起こるようになり，奇声を上げてはしゃぐ姿は，奇異に映った。フィリピン人の母親が離婚し家を出ていった直後であった。アメリカ人の父親と2人暮らしであった。

　心配した学級担任がスクールカウンセラーの私へつなぎ，カウンセリングルームで彼女と面接することになったのだが，ずっとふざけていてまともに対話しようとしなかった。ふと家での様子を尋ねると「お父さんは夜の10時くらいに帰ってくるから，それまでテレビをみながらお菓子食べ

て待っている」といったことが語られた。また，しだいに「家を出て行ったお母さんは，私が小さいときに怒って道路に突き落とした。いまでもよく覚えている」といった過去のトラウマ体験について目を潤ませながら語った。さらに「フィリピンに行きたくないのに連れて行かれそうになったこともある」といった内容も話してくれた。

　これまでため込んでいた感情を解き放ち，過去のトラウマと対峙しながら卒業していった。トラウマの回復プロセスのほんの一端を担っただけだが，陽気な性格の彼女はきっといろんな人を巻き込み，周囲の支えを得ながら生きるのではないだろうか。

復習テストの解答

1　○

2　×　誤「18歳未満」→正「20歳未満」

3　×　正「児童虐待防止法→高齢者虐待防止法→障害者虐待防止法」の順

4　○

5　○

6　×　誤「すぐに批准した」→正「1994年に批准した」

　　　　※日本は158番目の加盟国であり，先進国にしては遅い。

7　×　正「子または親族等に対する接近の禁止命令」が加わる。

あとがき

　本書は，私が大学で授業を担当している「虐待防止の心理学」の科目内容に関心を持ってくださった勁草書房の永田悠一氏からの発案がきっかけであった。2018年11月から執筆しはじめたが，完成までに1年半以上もかかってしまい力不足を痛感している。言い訳になってしまうが，多くの虐待死事件や虐待の歴史を調べていくうちに悲しくなり，手が止まってしまうこともたびたびあった。

　2020年に入り，春休みに勢いをつけて完成させようと思った矢先，新型コロナウイルスの感染拡大で状況が一変した。職場の危機対策会議のメンバーになり頻繁にWeb会議が行われ，オンライン授業の準備も含め膨大な仕事量がのしかかってきた。そのような状況で，児童養護施設や乳児院，児童相談所の現場に仕事で出向くと，感染リスクを気にしながらも子どもたちのケアや親の支援を全力で行っている光景が目に映ったのである。児童養護施設で私が担当しているケースも再開したため，「立ち止まっていられない」と気持ちを奮い立たせ，ようやく完成にこぎつけた。

　なお，福祉心理学の範囲は広いことから，現場の先生方から助言をいただくなどしてご協力をいただいた。福島里美氏，田村隆氏，渡部暁恵氏，北畠綾氏，鳥井麻希氏に感謝の意を述べたい。

　最後に，勁草書房の永田氏にご迷惑をかけたお詫びと，本書を世に出すきっかけを与えていただいたことを深謝し，終わりの言葉としたい。

2020年7月

菅野　恵

索　引

著者略歴

菅野　恵（かんの　けい）

1976年，東京都八王子市生まれ。和光大学現代人間学部心理教育学科教授。立教大学兼任講師。早稲田大学非常勤講師。児童養護施設心理療法担当職員（嘱託）。元公立学校スクールカウンセラー。日本精神衛生学会常任理事・編集委員。日本学校メンタルヘルス学会理事・常任編集委員（編集委員長）。

最終学歴：帝京大学大学院文学研究科心理学専攻博士課程単位取得満期退学。

学位・資格：博士（心理学）。公認心理師。臨床心理士。

専門：児童心理学（児童福祉・学校領域）。

主な著書：『児童養護施設の子どもたちの家族再統合プロセス―子どもの行動の理解と心理的支援―』（2017年，明石書店）（単著），『スクールカウンセリングの「困った」を解決するヒント48』（2019年，大修館書店）（共編著）。

福祉心理学を学ぶ　児童虐待防止と心の支援

2020年11月20日　第1版第1刷発行

著　者　菅　野　　　恵

発行者　井　村　寿　人

発行所　株式会社　勁草書房

112-0005 東京都文京区水道 2-1-1　振替 00150-2-175253
（編集）電話 03-3815-5277／FAX 03-3814-6968
（営業）電話 03-3814-6861／FAX 03-3814-6854
三秀舎・中永製本

© KANNO Kei　2020

ISBN978-4-326-25148-3　Printed in Japan

子安増生 編著
アカデミックナビ　心理学 　　　　　　　　　　　　　　　　　2,700円

伊東昌子・渡辺めぐみ
職場学習の心理学 　　　　　　　　　　　　　　　　　　　　　2,500円
　　知識の獲得から役割の開拓へ

金築智美 編著
自己心理学セミナー 　　　　　　　　　　　　　　　　　　　　2,000円
　　自己理解に役立つ13章

佐々木万丈
基礎から学ぶスポーツの心理学 　　　　　　　　　　　　　　　2,200円

リチャード・H・スミス 著　澤田匡人 訳
シャーデンフロイデ 　　　　　　　　　　　　　　　　　　　　2,700円
　　人の不幸を喜ぶ私たちの闇

大野志郎
逃避型ネット依存の社会心理 　　　　　　　　　　　　　　　　3,500円

中谷裕教・伊藤毅志・勝又清和・川妻庸男・大熊健司
「次の一手」はどう決まるか 　　　　　　　　　　　　　　　　2,500円
　　棋士の直観と脳科学

フランソワ・グロジャン 著　西山教行 監訳　石丸・大山・杉山 訳
バイリンガルの世界へようこそ 　　　　　　　　　　　　　　　3,000円
　　複数の言語を話すということ

アレックス・ラインハート 著　西原史暁 訳
ダメな統計学 　　　　　　　　　　　　　　　　　　　　　　　2,200円
　　悲惨なほど完全なる手引書

　　　　　　　　　　　　　　　　　　　　　　　　　　　　勁草書房刊

＊表示価格は 2020 年 11 月現在。消費税は含まれておりません。